하루의 기적

무 한 한 가 능 성 을 깨 우 는 시 간

24
HOURS
IS ALL IT TAKES

하루의 기적

비비안 리시 지음 | 권진희 옮김

유노
북스

삶이 계속되는데
한곳에 멈춰
있을 수는 없다

선망하는 대상을 보고 '도대체 저 사람은 어떻게 한 거지?' 하며 부러워한 적이 몇 번이나 있는가? 나도 그랬던 적이 있다. 평범한 기회와 자원을 특별한 방법으로 갈고닦아 특별한 결과를 만들어 낸 사람들은 부러움의 대상이었다. 그들은 확실한 목표를 세우고 그것을 위해 살아가는 듯 보였다. 그리고 무엇보다 행복해 보였다. 그들은 자기 인생을 최고의 버전으로 살고 있었다.

'내가 그들과 다른 점은 과연 무엇일까? 그들의 비밀 병기는 무엇일까?'

셀 수 없는 실수와 헛발질을 건너뛰고 여러 해를 지나 미래로 가 보자. 수많은 시행착오와 노력, 끈기를 거쳐 지금 나는 감사하게도 예전에 내가 했던 질문을 받는 입장이 됐다.

"비결이 뭐죠? 도대체 어떻게 이룬 거예요?"

누구나 비밀을 알고 싶어 한다. 오래전의 나도 그랬다. 현실적으로 생각해 보자. 성공으로 향하는 지름길이 있다면 어느 누가 마다하겠는가? 그러니까 이 지름길에 관심이 있다면 이것저것 따질 것 없이 비밀을 알아보는 데 집중하자.

비밀을 알고 싶은가?

비밀을 알 준비가 됐는가?

가까이 와서 봐라.

비밀은 바로….

성공에
비밀 공식은 없다

산통 깨는 소리를 해서 미안하다. 하지만 세상에 성공을 위한 비밀 같은 것은 절대 없다. 성공이 그렇게 쉬울 리 없다.

다행인 것은 당신이 이미 최고의 인생을 시작할 수 있는 조건을 갖췄다는 것이다. 당신에게 잠재력이 있음을 나는 장담할 수 있다. 그것은 이미 당신 안에서 당신이 꺼내 주기를 얌전히 기다리고 있다. 어떻게 장담하느냐고? 당신이 이 책을 집어 들었기 때문이다. 전자책으로 나를 만난 독자도 마찬가지다. 당신은 변화를 위해 시동을 걸었다. 어떻게 변화할 수 있는지 궁금했을 테고 그 궁금증을 행동에 옮겼다. 고로 당신이 충분히 할 수 있다고 나는 믿어 의심치 않는다.

그럼 질문을 하나 하겠다. 방법이 뭐가 됐든 얼마나 시간이 걸리든 변화할 준비가 됐는가? 비밀 공식이며 지름길 따위는 잊어라. 지속 가능한 변화, 진정한 변화란 긍정적인 태도가 인생을 바꾸는 습관이 될 때까지 계속 노력하고 스스로 변화를 느끼는 일이기 때문이다.

인생의 어느 단계에 있든 우리는 더 나은 자신이 되기 위해 노력하고, 스스로를 교육하고, 성장을 경험하며 발전할 뿐이다. 끊임없이 진화하는 과정을 통해 전진할 수 있다. 이때 거치는 과정이나 진화가 우리에게 늘 최선이 아닐 수도 있고 우리의 선택이 늘 옳은 길이 아닐 수도 있다. 하지만 우리의 최종적인 결정 하나하나가 다음 과정으로 가는 소중한 지혜를 제공한다.

좋은 상황에 처했든 나쁜 상황에 처했든 지금 이 순간 당신의 인생을 피부로 오롯이 느껴 보자. 그리고 그 순간에 영원히 머물러야 한다고 상상해 봐라. 인생이 따분하겠다는 생각이 들 것이다. 지금의 인생이 꽤 괜찮더라도 영영 그 순간에 묶여 있다고 상상하면 마치 달리기 경주에서 다른 선수들이 재빠르게 앞서 나갈 때 당신 혼자 시멘트 신발을 신고 뛰는 기분일 것이다. 삶은 계속되는데 당신은 한곳에 묶여 있다. 그렇게 살 수는 없다! 변화무쌍한 세상에서 인생의 꽃이 만개하려면 적극적이고 성취감 가득한 삶이 필요하다.

변화의 가능성은
나에게 달렸다

나는 내 지식을 공유하고, 당신의 더 나은 인생을 응원하고, 일상의 작지만 의미 있는 변화로 동기 부여를 제공하고자 이 책을 썼다. 당신이 바쁘다는 사실을 잘 안다. 우리 모두가 바쁘다. 하지만 당신이 인생의 봄날을 진지하게 생각한다면 가장 중요한 사실을 알아야 한다.

'아무것도 바꾸지 않으면 아무것도 바뀌지 않는다.'

다시 한 번 읽어 보기 바란다. 아무것도 바꾸지 않으면 정말 아무것도 바뀌지 않는다. 변화의 가능성은 전적으로 자기 자신에게 달렸다.

이제 단순히 성공을 위한 레시피 같은 것은 존재하지 않는다는 사실을 알았다. 성공은 다양한 사람에게 아주 다양한 형태로 나타나기 때문이며 이는 사람들이 인생에 긍정적인 변화를 일으키려고 할 때 맞닥뜨리는 첫 번째 장벽이다. 내 여정에서 알게 된 점이 있다면 개인적인 성공이든 커리어의 성공이든 성공에 얼마나 가까이 다가가는지는 전적으로 자신에게 달렸으며 각자가 내리는 정의에 따라 성공의 모습이 달라진다는 것이다. 이 책을 읽는 동안 당신이 기억해야 할 두 번째 요점은 다음과 같다.

'성공은 당신이 정의하기 나름이다.'

당신에게 성공이란 계획했던 꿈을 이루는 것일 수도 있고 시간이 지나면서 새롭게 바뀐 목표를 이루는 것일 수도 있다. 중요한 사실은 그 과정과 결과를 당신이 만든다는 것이다. 무한대의 가능성 앞에서 당신은 적어도 자신에게 성공이 어떤 의미인지 정의할 수 있어야 한다. 성공의 전통적인 정의나 다른 사람의 말에 스스로를 가두지 마라. 당신의 인생이다.

당신 인생에서 부족한 점이 무엇인지 생각하는 시간을 가져라. 무엇이 부족한가? 어떻게 부족한 부분을 메꿀 수 있는가? 갖고 싶었던 자동차, 아이들을 벗어나 오롯이 나만의 시간을 보낼 수 있는 공간, 전부터 머릿속에 그렸던 수영장…. 물질적인 것에 집착하지 마라. 물질적인 성공을 넘어 당신 깊숙한 곳에 잠재된 것을 찾아라. 감정, 성취감, 기쁨의 순간처럼 당신이 놓친 물질 그 이상의 것을 봐라. 그리고 떠오르는 것들을 지금 당장 적어라. 구체적일수록 좋다. 그다음 그것을 잘 보이는 곳에 둬라. 이 책을 읽는 동안 계속 필요할 것이기 때문이다.

하루,
인생을 바꾸기
충분한 시간

　변화하는 방법에 대해 본격적으로 이야기하기 전에 먼저 이 책이 어떻게 세상에 나오게 됐는지 얘기해 보겠다.

　2019년 초, 나는 캐나다의 대형 서점에서 읽을 책을 찾아 이리저리 매대를 둘러보고 있었다. 여유롭게 에스프레소 한 잔을 손에 들고 늘 가던 자서전, 비즈니스, 건강, 행복 분야의 코너로 향했다. 알겠지만 서점은 책만 파는 곳이 아니다. 책 코너로 가던 중 중력 이불과 양초가 내 발길을 잡았지만 오늘 서점에 온 이유를 떠올렸다.

　자기 계발 코너에 갔다. 습관을 주제로 한 책이 가득한 곳에서 내 발길을 멈춰 세운 것들이 있었으니, 하나같이 제목이 명령조에다 굵은 서체로 된 책들이었다. 《베스트 셀프: 너 자신이 되라, 오로지 더 나은 쪽으로》, 《당신 삶의 주인이 돼라(Take Control of Your Life)》, 《당신의 스케줄을 바꿔라, 당신의 인생을 바꿔라(Change Your Schedule, Change Your Life)》, 《긍정적 사고의 해(A Year of Positive Thinking)》, 《브레이킹, 당신이라는 습관을 깨라》…. 모두 확신과 결의에 찬 목소리로 소리치고 있었다.

모두가 활용할 수 있는 습관을 소개하는 책들이었다. 습관의 힘은 성공학에서 중점으로 다루는 주제이기 때문에 이런 상황이 별로 놀랍지 않았다. 좋은 습관의 중요성을 그저 상식으로 치부하는 사람도 있지만 나는 습관이 동기를 부여하고 긍정적인 에너지를 불어넣는다는 점에서 그 힘을 전적으로 믿는다. 또한 경험을 공유하는 일의 힘도 믿는다. 책을 통해서건 팟캐스트나 강연회의 연설자를 통해서건 경험 공유의 힘은 대단하다. 다른 사람에게서 얻은 지혜와 에너지는 모두 내게 도움이 됐고 깊이 영향을 미쳤다.

동기 부여의 세계를 처음 접한 것은 내가 사회 초년생이었을 때다. 1990년대 초로 거슬러 올라가 보자. 첫 부동산 중개 회사에서 중개업자로 일하고 있었을 때 말 그대로 '기회'가 찾아왔다. 자신을 구역 대표라고 소개한 젊은 남자가 곧 있을 토니 로빈스의 강연회를 홍보하기 위해 사무실을 찾았다. 토니 로빈스의 이름을 낯설어하는 내게 그 사람은 그를 큰 체격과 웅장한 목소리, 영감을 주는 스토리를 가진 거물이라고 소개했다. 설명을 듣고 그 전설적인 인물이 누구인지 기억이 났다. 굉장한 성격의 소유자로 확실한 커뮤니케이션 능력과 혁신적인 콘셉트를 가진 비즈니스계의 거물이라고 언젠가 들은 적이 있기 때문이었다. 그 사람이 물었다.

"비즈니스의 더 나은 미래를 위해 변화하고 싶나요? 더불어 당신의 삶도 바꾸고 싶나요?"

당연히 그러고 싶다. 이 질문에 '아니요'라고 대답할 사람이 어디 있겠는가? 그 사람의 전략은 단순하지만 효과적이었다. 그는 상대가 어떻게 대답할지 알고 질문했고 곧바로 내 호기심을 자극했다.

하지만 토니 로빈스의 치솟는 몸값 때문에 강연회 티켓이 너무 비쌌다. 나는 혼자서 아이 세 명을 키우는 싱글 맘이었고 판매업에 종사하느라 이미 치열한 일상을 살아 내고 있었다. 우선순위를 정해야 했다. 가장으로서 식비며 월세, 여러 공과금을 책임져야 했고 강연회 티켓은 내 일상에서 반드시 필요한 것이 아니었다.

나는 너무 바빠 행사에 참석할 수 없다고 말했다. 금전적인 이유가 있다는 사실을 숨긴 채 말이다. 그런데도 그는 집요하게 이유를 물었고 결국 진짜 이유를 말할 수밖에 없었다.

"그곳에 갈 형편이 안 돼요."

그러자 그 사람이 나를 빤히 쳐다보며 말했다. 이 말을 평생 잊을 수 없을 것이다.

"어떻게 그곳에 안 갈 수 있어요? 그곳에 안 가는 건 정말 말이 안 되죠!"

나는 무너지고 말았다. 그가 내 열정의 불씨에 불을 붙였다. 강연회에 가고 싶었다. 마음속 어딘가에서 "가야만 해"라고 속삭이는 소리가 들렸고 내게는 그곳에 갈 필요가 있었다.

그곳에 갈지 말지는 전적으로 돈에 달린 문제였다. 내게 돈이 없는 것은 사실이지만 그 사람 말대로 강연회가 그만 한 값어치를 한다면, 그곳에서 내가 무언가를 얻을 수 있다면 어떨까? 내가 사고하는 방법은 물론이고 내 인생 전반이 긍정적으로 변화할 수 있다는 생각이 머릿속을 지배했다. 나는 그를 믿기로 했다. 반드시 그곳에 가야만 했다.

전설적인 비즈니스계 거물과
가난한 싱글 맘의 유일한 차이

그래서 모험을 하기로 했다. 이미 한도에 다다른 신용 카드로 티켓을 샀다. 신이 났지만 동시에 죄책감도 들었다. 내가 지금 뭘 한 거지? 감당할 수 없는 돈으로 이기적이고 책임지지 못할 일을 벌인 것은 아닐까? 강연회 날까지 고민에 고민을 거듭했다. 그리고 그날 아침, 기대감을 가득 안고 여느 오전과 다름없이 아이들을 학교에 데려다줬다. 그러고는 좋은 좌석을 확보할 생각에 서둘러 강연회 장소로 갔다.

하지만 내게 행운은 오지 않았다. 강연이 이미 매진돼 나는 마지막 참석자로 들어가 입석으로 강연을 봐야 했다. 틈이라는 틈은 모두 헤집고 들어가 자리를 차지하려 애썼다. 온 신경을 집중해 강연을 들어야 했기 때문이다. 티켓을 사는 데 쓴 돈은 원래 우리 가족에게 쓸 돈이었다. 1분 1초도 놓칠 수 없었다.

강연장은 관중으로 가득 차 있었다. 하지만 무대에 등장한 토니 로빈스는 관중 한 사람 한 사람과 연결됐다. 인생의 혹한기부터 그를 지금 이 자리에 있게 해 준 중요한 순간들까지 나는 그의 말 한마디 한마디에 빠져들었다. 내게 중요한 것은 그의 현재 위치가 아니었다. 그가 이룬 성공, 그를 향한 스포트라이트, 그의 명성이 아니었다. 중요한 것은 그가 '어디에서 왔는가'였다. 그는 "배경 따위는 전혀 중요하지 않고 당신이 '시작한다'는 사실이 중요하다"라는 말의 산증인이었다.

나도 그 길을 간 적이 있었다. 최선을 기대하며 희망을 품은 채 말이다. 하지만 한편으로 많이 피로했다. 끊임없이 아이들을 걱정했고 가족을 먹여 살리기 위해 쉼 없이 일했다. 신체적으로도 심리적으로도 고갈된 상태였다. 동시에 완성된 가족의 모습이 아니라는 생각 때문에 아이들에게서 안정과 안전을 빼앗았다는 죄책감과 부담감으로 매일을 살아갔다. 이별이나 이혼을 겪어 본 사람이라면 이해할 것이다. 정당한가 아닌가를 떠나 어렵게 최선의 선택을 했음에도 가정을 해체했다는 생각 때문에 죄책감을 느꼈다.

내게 의지하는 사람들을 위해 최선을 다하며 한 발짝 한 발짝 힘겹게 앞으로 나아가는 데 엄청난 에너지를 쏟았다. 지나고 나서야 내가 모든 상황에서 커다란 짐을 안고 있었다는 사실을 깨달았다. 피로감, 수치심, 죄책감, 근심이라는 무거운 짐 말이다. 하지만 나를 강연회로 이끈 작은 불씨가 이제는 활활 타오르는 불꽃이 됐고 희망과 에너지로 변했다.

강연회가 끝나자마자 기적이 일어난 것은 아니었다. 마법의 묘약을 얻은 것도 아니었다. 토니 로빈스는 내가 가진 문제들을 바로 해결하는 방법을 제시하지 않았다. 하지만 그날 강연장 벽면을 튕겨 나온 그의 한마디 한마디를 흡수한 후 나는 새로운 관점으로 세상을 볼 수 있었다. 내 어깨의 짐 중 몇 개는 내려놔도 된다는 것을, 이로써 내면의 힘을 키울 수 있다는 것을 깨달았다. 또한 내가 나쁜 사람도, 루저도 아니라는 사실과 내 인생에 일어난 나쁜 일이 나를 정의하지 않는다는 사실을 알게 됐다. 과거가 내 미래의 발목을 잡게 내버려두지 않겠다고 결심했다. 더불어 그 강연장에 들어서기 전과 후로 내 마음가짐에도 변화가 생겼다.

'무대에 서 있는 저 긍정적인 마인드의 성공한 남자와 나의 차이점은 무엇일까?'

우리에게는 똑같이 하루 24시간이 주어지고 우리 둘 다 어떤 특별 대우도 받지 않았다. 게다가 토니 로빈스는 어떤 비법도 갖고 있지 않았다. 그렇다면 나도 할 수 있지 않을까? 나도 진정한 변화를 경험할 수 있을 것이다. 가족에게 안정된 삶을 제공하고, 내가 원하는 커리어를 달성하며, 목표를 향해 진정으로 나아가는 삶을 살 수 있을 것이다. 성장, 긍정, 신념이라는 새로운 마인드셋으로 새롭게 시작할 수 있을 것이다.

여기서 끝이 아니다. 꿈을 실현하는 일에 대해 말해 볼까 한다. 인생은 돌고 돈다. 20년이 흘러 내가 토니 로빈스의 강연회에 또다시 갔다면 어떨까? 그리고 이번에는 내가 그와 함께 무대에 섰다면? 토론토에서 열린 그의 동기 부여 세미나에 초청을 받았다. 대망의 그날 나는 5,000명의 참석자가 가득 메운 강연장의 무대에 섰다. 그리고 예전의 내가 서 있던 자리에서 나를 쳐다보는 관객들을 마주했다.

얼마나 꿈 같은 순간이었겠는가! 하지만 계획대로 흘러가지 않는 것이 인생이랬던가. 짧게 자기소개를 하려 했던 애초의 계획은 진행자가 내게 쪽지 하나를 건넬 때 이미 물 건너간 상태였다. 눈부신 스포트라이트를 받으며 나는 연단에 놓인 종이를 힐끔 봤다. 오늘의 주인공이 교통 체증으로 꼼짝달싹 못 하고 있다는 내용이었다.

미리 준비했던 짤막한 소개는 순식간에 내가 토니 로빈스의 강연회에 처음 참석했던 에피소드로 대체됐다. 나는 청중에게 내가 그때 어떻게 직감을 믿고 내 생애 가장 영향력 있는 강연회에 갈 티켓을 마련했는지 이야기했다. 처음 강연회에 참석한 후 오랜 세월 여러 놀라운 경험을 했지만, 토니의 굴곡 많은 인생 이야기를 통해 마침내 내 인생도 새롭게 변화시키겠다고 결심하며 강연장을 나왔던 경험을 절대 잊을 수 없을 것이라고 말했다. 내게 감명을 준 것은 그의 메시지가 아니었다. 내 무릎을 탁 치게 만든 것은 그의 전달력, 그리고 일상의 변화와 성장의 필요성에 대한 긍정적인 에너지였다.

이것이 바로 토니 로빈스와 나의 차이점이었다.

습관이 만든 기적,
대규모 기업의 대표가 되다

한 치 앞을 내다볼 수 없는 것이 인생이라는 사실을 증명하듯 재미있게도 토론토에서의 사건을 계기로 나는 생애 첫 책을 쓰게 됐다. 나는 사람들의 변화를 응원할 뿐 아니라 그들이 내면의 힘을 인지하고 목표를 향해 나아가도록 불씨를 지펴 주는 인생 수업을 했다.

그런데 다음 책이 순서를 기다리고 있었다. 습관과 일상의 중요성을 강조하는 책으로 가득한 자기 계발 코너를 보기 전까지 미처 몰랐지만 따지고 보니 나는 철저하게도 습관의 결과물이다. 그렇다고 내가 하루를 유연하게 보내기 위한 여유를 전혀 남겨 두지 않는다는 말은 아니다. 비즈니스를 하다 보면 예기치 못한 일이 일어나기 마련이다. 그럴 때는 융통성을 발휘해야 한다. 하지만 탄탄한 습관과 효율적인 일상은 늘 내 하루하루를 구성하는 중요한 요소였다. 중요한 것은 당신에게 맞는 습관을 알아내고 그것을 효율적이고 성공적으로 실천하는 것이다.

그 서점에서 본 습관에 대한 책들은 21일 만에 당신의 삶이 바뀔 것이라고 장담했다. 단 하나의 습관으로 1년 만에 효과를 볼 것이라고 떵떵거리는 책도 있었다. 가만히 보면 이런 책은 모두 독자에게 시간을 투자하라고 요구한다. 새로운 습관을 들이는 데 적게는 수일이, 길게는 몇 주 혹은 몇 달이 걸리는 과정을 제시한다.

무언가를 성취하려면 늘 시간이 걸린다. 새로운 습관이 자리 잡으려면 꾸준함이 필요하다. 이 두 가지 사실을 부정할 사람은 없다. 그런데 변화를 이끌어 낼 다른 방법은 없을까? 사람들이 압박감 없이, 많은 시간을 할애하지 않고도 긍정적으로 변화할 방법이 없을까? 어떻게 해야 긍정적이고 진정한 변화로 향할 수 있을까?

몇 주가 지나도 이 생각들이 머리를 떠나지 않았다. 그러던 어느 날 팀에 합류한 지 얼마 되지 않은 동료가 이런 질문을 했다.

"어떻게 하루에 그 많은 일을 다 할 수 있어요? 늘 웃는데다가 긍정적이고 에너지가 넘치잖아요. 한 회사의 대표시죠. 장성한 자녀 셋에다가 손자가 여섯 명이나 되고 부모님도 돌보잖아요. 대표님이 회사에서 얼마나 바쁜지 누구보다도 제가 잘 알아요. 근데 어떻게 그걸 다 하세요?"

나는 이렇게 답하고 싶었다.

'잘 들어 봐요. 나도 사람이에요. 긍정적으로 사는 것이 삶에 도움은 되지만 저도 늘 완벽하지는 않아요. 어떤 날은 너무 힘들기도 해요. 그런데 어쩌겠어요. 그것이 인생이잖아요!'

가능한 한 영감을 줄 수 있도록 정직하고 진심이 담긴 답변을 생각하고 있을 때 갑자기 떠오른 생각이 있었다. 내가 가진 지혜를 주위의 동료들에게만 나눌 것이 아니라 더 많은 이에게 공유할 시간이 온 것이다. 나의 24시간, 즉 내 습관과 일상에 대한 책을 쓸 때가 온 것이다.

내 습관과 일상만이 최고라는 말이 아니다. 내 방법이 다른 전문가들이 제안하는 방식을 능가한다는 말도 아니다. 그저 이 방법들이 내게 효과가 있었다는 것과 이러저리 분주히 뛰어다니던 싱글 맘이 1,400명 이상의 직원을 거느린 북미 최대 부동산 전문 기업의 대표가 될 수 있도록 붙들어 준 것이 무엇이었는지를 말하고 싶었다. 나는 매일의 습관과 일상 덕분에 내게 늘 영감을 주는 부모님께 삶을 온몸으로 즐기는 딸의 모습을 보여 줄 수 있었고 이제 다 큰 세 명의 아이에게는 자랑스러운 엄마로, 여섯 명의 손주에게는 멋있는 할머니로, 사업 파트너와 친구들에게는 웃음을 잃지 않는 사람으로 기억

될 수 있었다. 그러니 내 조언이 한 명이라도 진정으로 변화하는 데 도움을 줄 수 있다면 이 책의 단어 하나하나에 녹여낸 내 노력이 빛을 발할 것이다.

내가 매일을 한 시간씩 차근차근 대하는 방식으로 당신이 이 책을 살펴보기를 바란다. 당신에게 하는 유일한 부탁은 하루 동안 내가 추천하는 습관과 태도를 시도하려는 의지뿐이다. 단 하루 말이다. 그리고 오늘부터 시작해 보자. 무엇부터 시작하든 이 긍정적인 일상이 주는 효과를 바로 느낄 수 있을 것이다.

오늘의 기적을 내일로 미루지 마라

당신의 시각을 바꾸는 일이 쉽지 않다는 것을 안다. 일상의 습관에 대한 사고방식을 바꾼다고 해서 당신의 고민거리가 완전히 해소되지 않는다는 것도 안다. 우리의 목적은 그것이 아니다. 단, 새로운 아이디어에 마음을 열기 위해 노력하고 당신이 이미 아는 것들을 인내심을 갖고 다른 시각에서 새롭게 본다면 분명히 효과가 있을 것이다. 당신이 해야 할 일이 있냐고? 물론이다. 내 좌우명으로 설명하겠다.

'변화는 당신의 컴포트 존 밖에 있다.'

컴포트 존이란 '편안함을 느끼는 구역'이라는 뜻으로 도전하지 않고 적당히 한다는 의미로 쓰인다. 당신은 컴포트 존바로 밖에서 변화를 볼 수 있다.

지금 당신의 24시간을 삼등분해 봐라. 침대맡에 놓인 소설책의 서론, 본론, 결론처럼 말이다. 업무나 취침의 일정이 다른 사람들과 정반대가 아니라면 당신의 하루는 보통 아침에시작돼 저녁에 마무리된다. 이 책은 아침에 효과적이었던 습관과 하루를 마무리하는 시간에 효과적이었던 습관들을 생물학적 주기에 기반을 두고 썼다. 하지만 이것들을 반드시 언제지켜야 한다는 규칙은 없다. 자신에게 맞는 것을 적용해서 실천하면 된다.

당신의 하루를 책임지고, 나아가 더 나은 미래를 보장하는데 필요한 것은 긍정적이고 생산적이며 현실적인 습관이다.이 습관들은 당신이 상상하지도 못한 성공과 기회로 당신을데려다줄 것이다.

이 습관들이 당신의 궤도에 진입하기 전, 먼저 해야 할 것이 있다. 훗날 효과를 톡톡히 보려면 시각을 전환하고 어려운결정을 내려야 한다. 아직도 망설이고 있는가? 이해한다. 그럼 이렇게 생각해 봐라. 누군가 당신의 더 나은 내일을 위해 인생을 바꿀 기회를 준다면 오늘 당장 마음을 여는 것이 낫지 않은가? 명심해라. 넘어지는 것보다 뛰는 것이 낫다. 마음을 먹고 변화를 위해 뛰어올라라!

키스와 포옹을 담아서

비비안 리시

1장
긍정적인 아침을 넘어 위대한 오늘로
_오전의 기적

긍정적인 아침을 넘어 위대한 오늘로

오전의 기적

—

이른 아침은 입에 황금을 물고 있다.

벤저민 프랭클린(정치인)

01

세상이 깨어나기
전에 일어나라

.

아침을 내 것으로 만들기

하루의 주인이 되지 않으면 하루의 노예가 될 것이다.

짐 론(기업가, 동기 부여 연설가)

사람들은 시간을 절대 살 수 없다고 한다. 하지만 내가 그
방법을 알려 준다면 어떨까? 하루의 작은 변화로 2주의 시간
을 당신 인생에 추가해 준다면 어떨까? 그것도 매년 말이다.
방법은 아주 간단하다. 아침에 일어나서 침대 밖으로 나와라!

이제 알람을 다시 설정하려던 것을 멈추고 몸과 뇌를 움직
일 준비를 해라. 이불을 걷고 침대 밖으로 발을 꺼내 몸을 일
으켜라. 침대맡에 놓인 물을 들이켜라. 어떤가? 아마 짜증이

좀 날 것이다. 조명 때문에 눈을 제대로 뜨지 못할 수도 있다. 따뜻한 이불 밖으로 겨우 몸을 꺼낸 탓에 아직 추울 수도 있다. 눈치 없이 당신을 깨우는 활기찬 내 목소리가 듣기 싫을지도 모르겠다. 아주 가끔 내 잔소리가 귀찮을 수도 있지만 참아 주기 바란다. 언젠가는 내 진심을 알게 될 날이 올 것이다. 그리고 내 덕에 얻은 시간에 대해 훗날 고마워질 것이다.

아침 일찍 일어나는 일은 당신이 실천해야 할 가장 첫 번째 단계로, 인생의 긍정적인 변화를 위해 매일 할 수 있는 가장 기본적인 것이다. 별것 아닌 것 같지만 한번 해 보면 효과를 알 수 있다.

하루의 첫 장면이 주는 선물

여러분 좋은 아침!

당신은 오늘도 살아 있고 새로운 하루를 시작했다. 정말 멋진 하루가 될 것이다. 변화를 위해 일찍 일어나 이미 하루를 시작했기 때문이다.

사실 나는 원래부터 아침형 인간이었다. 부모님 말로는 어릴 때부터 다른 식구들보다 먼저 일어나 주방을 정돈하는 데 여념이 없었다고 한다. 그 어린 나이에 제대로 정돈을 했겠느냐만, 부모님 눈에 나는 어릴 때부터 그런 자신만의 의식을 갖고 있는 아이였다. 소소한 것을 성취해 부모님께 칭찬받고 집안에서 내가 할 수 있는 무언가를 해내는 것을 좋아했다. 나이가 어렸지만 우리 집 형편이 풍족하지 않다는 것을 알고 있었다. 이민자 출신인 부모님은 겸손하고 부지런했으며 자식들을 위해 모든 것을 했다. 주방 정리는 부모님의 노고에 보답하기 위한 일종의 제스처였다.

아침은 성스러운 시간이다. 매일 아침 나는 새소리에 눈을 뜬다. 블라인드를 열고 아침이 주는 선물을 만끽할 때면 몇 년 전 휴가로 갔던 로마가 떠오른다. 로마 여행에서 보고, 듣고, 먹고, 즐긴 많은 것 중 가장 기억에 남는 것은 아침 풍경이다. 해가 뜨면 발코니의 나무 셔터를 열어 세상을 마주했다. 그 시간만 해도 로마는 경적을 울려 대는 차와 길목과 인도를 점령하는 노점상으로 붐비지 않았다. 많은 이가 아직 침대에 있을 시간이라 사진을 찍고 지도를 보며 코블스톤이 깔린 골목을 헤집고 다니는 관광객은 아직 볼 수 없었다. 햇살이 그 어마어마한 도시 곳곳을 비출 때 그곳에 있는 사람은 발코니에 서 있는 나, 그리고 오늘 하루도 더러워질 거리를 청소하는 환경미화원뿐이었다.

몇 분을 그렇게 서 있으면 로마가 서서히 깨어나기 시작했다. 도시가 내 눈앞에서 천천히 얼굴을 드러냈다. 나는 로마를 떠나며 이 광경을 우리 집까지 들고 왔다. 하루의 시작을 목격하는 기분, 그 순간을 함께한다는 느낌, 그리고 많은 사람이 놓치는 그 짧은 순간에 내가 있다는 느낌을 하나도 빼먹지 않고 말이다.

유럽에서 만난 풍경은 가히 장관이라 할 수 있다. 그러나 이 같은 느낌을 꼭 휴가지에서만 경험할 필요는 없다. 당신이 있는 어느 곳에서든 이런 느낌을 찾아야 한다. 내 경우에는 아침을 맞이하는 곳에서 하루의 첫 습관을 실천한다. 도심에 위치한 우리 집이 될 수도 있고 호숫가에 있는 통나무집이 될 수도 있다. 당신 자신과 풍경 혹은 실외 공간이 있다면 충분하다. 당신이 어디에 있든 아침이 되면 해가 떠오른다. 그러니 어떤 핑계로도 그 순간을 놓칠 수는 없다. 하루 중 이 시간은 내게 정말 중요하고 어느새 내 일부가 됐다.

일찍 일어나는 새가 벌레를 잡아먹는다

인생의 모래시계는 매일 24시간에 한 번씩 초기화된다. 시간은 지구상의 모든 사람이 동등하게 갖는 유일한 것이다. 눈을 뜨는 순간 모두가 누릴 수 있는 주옥같은 24시간. 기억해라. 그 순간만큼 젊을 때는 다시없을 것이다. 그러므로 당신 앞에 펼쳐진 1분 1초가 소중하다. 그 하루는 당신의 것이다!

인생의 모든 분야에서 우리는 양보다 질이 중요하다는 사실을 배워야 한다. 이를 배우기에 하루를 시작하는 순간, 아침이 하루를 여는 순간보다 적당한 때는 없다. 당신은 어떤 타입의 '아침형 인간'인가? 당신의 아침은 스스로의 가치에 부합하는가? 아침 뉴스 앵커의 상쾌한 목소리로 아침을 시작하는 유형인가, '일단 먼저 커피 좀 마시게 해 줘'라고 말하는 유형인가?

'일찍 일어나는 새가 벌레를 잡아먹는다'는 속담을 다들 알 것이다. 일찍 일어나면 그날 하루 최고의 생산성을 발휘할 수 있다는 뜻이다. 세상이 아직 깨어나기 전에 먼저 일어나는 습관을 들인 사람은 일어나는 순간부터 그다음의 행동으로 자연스레 흘러간다. 아침형 인간은 뭉그적거리지 않는다. 눈을 뜸과 동시에 뇌가 깨어나고 잠재의식이 작동하기 시작한다. 그리고 다음 단계인 각성 상태로 들어간다. 이들은 서두르지 않는다. 댄서의 잘 연출된 몸짓처럼 행동이 물 흐르듯 자연스럽다.

이제 나는 알람 없이 일어난다. 어느덧 일찍 일어나는 일상에 익숙해져 알람 없이도 매일 같은 시간에 기상한다. 안정된

이 아침 루틴은 하루 일과를 마치고 잠자리에 드는 시간 또한 거의 일정하기 때문에 유지할 수 있는 것이다.

해가 뜰 때건 아직 밖이 깜깜한 새벽이건 아침에 일어남과 동시에 나는 그날 하루를 갖게 된다. 창밖을 보며 내게 주어진 24시간의 첫 장면과 마주하면 그날 하루와 연결되는 느낌이 든다. 해가 뜨는 광경을 보든 동이 틀 무렵 어둠이 걷히는 모습을 보든, 그 순간 나는 그날 하루와 정확히 하나로 포개진다. 하루를 이렇게 시작하는 일은 강력한 힘을 발휘한다. 하루가 본격적으로 시작되기도 전에 이미 무한한 선물을 받은 느낌이다.

오래전에 한 성공한 사업가와 나눴던 이야기가 생각난다. 그 사람도 아침형 인간이었다. 그가 아침에 일찍 일어나는 이유는 하루를 '앞서가기' 위함이었고 한 조직의 리더로서 본보기가 되기 위함이었다. 그는 늘 에너지가 넘쳤다. 공식적인 출근 시간보다 더 일찍 회사에 나가 모든 프로젝트에 관심을 기울이며 부족한 점이 없는지, 무엇이 필요한지 살폈다. 프로젝트의 진행 사항을 한눈에 파악할 뿐 아니라 부하 직원들이 보고하기도 전에 중점 사안을 먼저 캐치했다. 그는 직원들이 안전하게 근무할 수 있도록 환경을 조성했고, 업데이트 사항을 정확하게 전달했으며, 회사가 어떻게 흘러가는지 누구보다 먼저 아는 것이 자신의 임무라는 점을 확실히 인지하고 있었다. 예기치 못한 돌발 상황은 거의 없었다. 그가 자신의 아침 시간을 잘 쓰며 하루를 앞서갔기 때문이다.

나는 그가 보여 준 리더십을 가정에서도 적용할 수 있다고 생각한다. 부모는 주로 아이들보다 먼저 일어나 가족이 그날 하루를 무탈하게 보낼 수 있도록 준비한다. 아침의 이 여분 시간을 활용하는 우리는 오전 9시에 출근 도장을 찍으며 하루를 '따라잡기 위해' 애쓰는 이들과는 다르다. 일찍 일어남으로써 어떤 혜택을 얻게 될지는 당신 인생에 생기는 여러 변수에 따라 달라질 것이다. 하지만 확실한 것은 당신이 그리는 미래에 도움이 될 것이라는 사실이다.

나는 앞으로 몇 번의 아침 해를 볼 수 있을까?

아침에 일찍 일어나 하루와 연결되는 그 특별한 경험이야말로 지금의 나를 있게 한 첫 번째 습관이다. 아침형 인간은 세상과 각별한 친구가 되며 하루의 속도를 결정한다. 당신에게 맞는 습관과 일상을 찾고 24시간을 최대한으로 활용하는 방법을 알면 당신도 그렇게 될 것이다. 그 전으로 돌아가는 일은 없을 것이다.

장담컨대 이 글을 읽는 사람들 대부분은 변화하기 위해 지금 자신이 하고 있는 방법이 효과가 없다는 데 동의할 것이다. 아니면 적어도 앞으로 노력을 통해 개선해야 할 부분이 있다는 데 동의할 것이다. 그렇다면 이 습관을 단 하루만 시도해 보면 어떨까? 당신에게 주어진 24시간에 아주 약간의 변화만 가미하는 것이다. 돈 한 푼 안 들고 확실한 결과가 보장되는 변화다. 밑져야 본전 아닌가?

이 습관을 권유하는 이는 나뿐만이 아니다. 로빈 샤르마는 전직 변호사로 지금은 베스트셀러 작가이자 동기 부여 연설가다. 《변화의 시작 5AM 클럽》에서 이 습관의 효과를 증명한 바 있는데, 책에서 그는 "당신은 눈뜨는 순간부터 이미 승리했다", "아침을 지배하라. 인생을 도약시켜라!"라고 말했다. 그를 포함한 전 세계의 명망 높은 동기 부여 전문가들이 아침 일찍 기상하는 것이 성공의 핵심이라고 말하는 데는 여러 이유가 있다. 일단 효과가 있기 때문이다. 그리고 이다음에 어떤 일이 벌어질지 모르기 때문이다. 한번 상상해 보자. 휴대폰이 울린다. 전화를 받자 불길한 목소리가 다음과 같이 말한다.

"안녕하십니까? 3개월 후 당신의 인생이 만료됨을 알려 드리려고 전화했습니다. 좋은 하루 되세요!"

어떤 날은 기분이 좋고 또 어떤 날은 기분이 별로지만 나는 매일 아침 살아 있음에 감사하며 눈을 뜬다. 매일 침대를 박차고 나올 수 있는 이유다. 물론 늘 활기차게 아침을 시작하지는 않는다. 어떤 날은 조금 느릿느릿하게 몸을 움직인다. 하지만 나는 '매일매일 주어지는 내 인생을 어떻게 구성할까' 하는 생각에 정말 신이 나고 하루가 내게 어떤 기회를 선사할지 궁금하다. 어떻게 특별한 하루를 만들고, 어떻게 사람들을 돕고, 어떻게 내 목표를 이룰지 생각하면, 그리고 24시간이라는 선물을 어떻게 활용할지 생각하면 흥이 절로 난다.

우리의 시간이 조만간 끝날 것이라고 생각하는 사람은 많지 않다. 이 시간이 무한하지 않다는 사실을 반드시 기억해야 한다. 모든 것에는 유효 기간이 있다. 하루하루가 축복이다.

나를 위해서가 아니라 당신을 위해서다. 당신에게 새로운 습관을 만들어 줄 준비가 됐는가?

기적이 일상이 되는 순간

평소보다 1시간 일찍 알람을 맞춰라. 나중이 아니라 내일 당장 시작해 보자. 딱 하루만 해 보는 것이다. 그렇게 어렵지 않을 것이다. 한 달도, 일주일도 아니다. 단 하루만 시험 삼아 해 보자. 내일부터 실천할 수 있도록 휴대폰으로 새 기상 알람을 맞추고 그 시간을 기본값으로 설정한다. 기상 시간을 공책에 써 둔다. 끝!

아주 좋다. 이제 지금 이 순간을 만끽해라. 한 아이디어를 수용해 행동으로 옮긴 기분이 어떤가? 좋지 않은가? 나는 당신이 내일 1시간 일찍 일어나자마자 곧바로 변화를 느끼고 이 습관을 계속 이어 나가고 싶어 할 것이라고 확신한다. 이 작은 변화로 당신은 내년까지 보너스 같은 15일을 덤으로 얻을 수 있다. 그러면 일상에서 다른 변화를 꿈꾸게 될 것이다.

02

큰 그림을 그리고
언제든지 고쳐라

·

융통성 있게 계획하기

의도 있는 삶이란 다른 사람이 결정하기 전에

우리가 스스로 결정하는 기술이다.

리치 노튼(사업가, 시간 관리 코치)

먼저 간단한 질문에 대답해 보자. 다음 중 당신에게 해당하
는 사항이 몇 개인가?

'늘 시간이 부족해!'
'벌써 시간이 이렇게 됐어?'
'제대로 해 놓은 게 아무것도 없는 것 같아.'

'내 하루가 어디 갔지?'

당신도 가끔 다른 사람들보다 열 발자국 뒤처진 상태에서 하루를 시작한다고 느낄 때가 있을 것이다. 아니면 하루가 너무 후딱 지나간다고 느끼며 이 업무에서 저 업무로 헐레벌떡 달리는 자신을 발견할 수도 있다. 걱정할 것 없다. 늘 시간에 쫓기는 듯한 느낌은 충분히 개선할 여지가 있다. 확실하니까 나를 믿어 보기 바란다. 지금부터 그 방법을 설명하겠다.

하루를 시작하기 전에 오늘의 의도를 분명히 하라

'의도'는 앞으로 책장을 넘기면서 수도 없이 보게 될 단어다. 내 삶의 기본 원칙 중 하나이기 때문이다. 나는 내 인생, 즉 내게 주어진 하루 24시간의 매 순간에 의도를 갖고 살아간다. 나는 현재에 충실하고, 순간순간을 만끽하고, 변화를 만들고, 목표를 위해 산다. 내 의도는 무한하고, 이것이 인생에서 만나는 모든 과정의 원동력이다.

덕분에 나는 아침마다 TV 앞에서 시간을 허비하거나, 아무 생각 없이 소셜 미디어에 빠져 있거나, 커피를 몇 잔씩 마시느라 시간을 낭비하지 않는다. 이 중 어느 것도 내 하루에 생산적이지 않기 때문이다. 내 궁극적인 목적은 아침 시간을 최대한 활용해서 결과적으로 하루 전체를 극대화하는 데 있다. 의도를 하루 계획의 기초로 삼는 이유다. 이렇게 하면 최적의 상태로 생활할 수 있고 그다음의 24시간을 위한 최상의 시나리오를 보장받는다. 의도는 내 하루를 좌지우지하는 절대적인 요소라고 할 수 있다.

동기 부여 연설가인 짐 론은 이렇게 조언했다.

"하루의 계획을 종이에 적기 전에는 절대 하루를 시작하지 마라."

다시 말해 의식적으로 자신을 현재에 두고 눈앞의 과제를 생각하라는 것이다. 때로 계획하는 일은 조용한 장소에 바른 자세로 앉아 눈을 감고 당신의 의도를 따라 활동하는 스스로를 머릿속에 그리는 작업을 요구한다. 또는 일정표를 10분간 훑어보고, 예정된 약속들을 소리 내 읽고, 각각의 일정을 하나하나 살피며 기대하는 결과를 그리는 일일 수도 있다. 비전 보드를 활용하는 사람들도 있다. 그들은 하루에 해야 할 일을 점검하고 최종 목표를 기억한 후 그날의 할 일들과 그것이 도출할 미래의 최종 결과의 직접적인 연관성을 보드에 시각적으로 표시한다.

명심해라. 습관과 루틴의 성공 여부는 지속성에 달렸다. 그러니 당신에게 맞는 방법을 찾아 거기서부터 시작해라. 지금 소개한 방법들이 누구에게나 다 맞는 전략은 아니다. 당신에게 맞는 방법을 만나기 전까지 여러 기술을 시도하는 것을 두려워하지 마라.

자신에게 맞는 방법을 찾기까지 얼마가 걸리든 이 습관은 하루를 보내는 데 중요한 역할을 한다. 시간을 제어하고 하루를 본격적으로 시작할 수 있기 때문이다. 또한 무엇을 해야 할지 아무것도 모르는 상태로 하루에 뛰어드는 것보다 낫다는 점도 있다. 현실적으로 생각해 보면 예상치 못한 일은 언제든 일어날 수 있기 때문이다. 이 경우 불시에 닥친 일을 해결하고 상황에 따라 축을 변경해서 유동적으로 대처할 수 있다.

언제든지 중심축을 옮길 수 있어야 한다

'축'은 두 번째 습관의 핵심 요소다. 모든 것을 계획하기란 불가능한 일이다. 최고의 의도를 갖고 있더라도 말이다. 예기치 못한 일은 늘 어딘가에서 당신을 기다리며, 그것이 바로 인생이다.

TV 시리즈 〈서바이버(Survivor)〉의 슬로건 "예상 밖의 것들을 예상하라"가 떠오른다. 이 프로그램에는 리얼리티 쇼 출연을 목적으로 세계 각지에서 온 각자 다른 배경의 사람들이 등장한다. 컴포트 존을 벗어나 외딴섬이나 정글 오지에서 여러 극한의 상황에 처해지기를 자처하는 그들을 보면 참 대단하다는 생각이 든다. 참가자들은 아주 기본적인 것만 갖춰진 외딴섬 등지에서 신체적·정신적으로 혹독한 도전에 맞선다. 그것도 모자라 상금을 받기 위해 서로를 물어뜯으며 신경전을 벌인다. 마치 현실의 걱정과 근심이 그들에게는 충분히 가혹하지 않다는 것처럼 말이다.

그런데 생각해 보면 현실이 그렇게 다르지는 않다. 당신은 컴포트 존 밖에 놓이고 예기치 못한 상황에 처하며 상황을 헤쳐 나간다. 이런 점에서 〈서바이버〉의 매력이 이해가 된다. 이 프로그램은 일종의 스케일이 좀 많이 큰 현실을 무대로 한다. 당장 이 프로그램에 출연하고 싶은 생각은 없지만 출연자들을 어느 정도 이해할 수는 있다.

중심축을 변경할 수 있다는 것은 일이 계획대로만 진행되지 않을 수 있다는 사실을 전제로 한다. 예기치 못한 상황에 위기를 기회로 만드는 사람이 있는 반면 그렇지 않은 사람도 있다. 만약 이런 상황이 발생한다면 당신은 어떻게 할 것인가? 실패해서 나가떨어질 것인가? 고개를 숙이고 패배를 인정할 것인가?

아니다. 이것들은 절대 당신의 선택지가 아니다. 당신은 중심축을 변경해 다시 중심을 잡아야 한다.

세상이 날린 강한 펀치 한 방: 건강 이상

2021년 초봄의 어느 날이었다. 여느 날과 다름없이 하루의 막바지를 향해 가던 중이었다. 전 세계에서는 코로나19로 인한 팬데믹이 한창이었지만 안전 규칙이 발동된 상태였고 우리는 모두 각자의 자리에서 최선을 다했다. 우리의 삶은 계속되고 있었다.

나는 여느 때처럼 일찍 일어나 짧은 아침 운동을 마치고 스무디를 마시며 일출을 감상했다. 기분을 충분히 끌어올린 뒤에는 사무실에 가서 하루를 시작했다. 예정된 줌 미팅을 하고 에이전트, 스태프와 연락도 하고 몇 가지 예상치 못한 일을 해결했다. 평상시와 다를 바 없는 하루였다. 오후 6시쯤에는 하루를 마무리하고 집으로 갔다.

인생의 재미있는 점은 난처한 상황이 늘 예고 없이 찾아온다는 데 있다. 퇴근 후 여느 때와 다름없이 평범한 저녁을 보내고 있었다. 그리고 나는 갑자기 구급차에 실려 병원으로 옮겨졌다. 몇 가지 검사를 했고 예기치 못한 상황에서 답답한 시간과 싸우며 병원의 진단을 기다렸다. 그리고 마침내 자궁 절제술을 받아야 한다는 진단을 받았다.

단번에 알았다. 인생의 중심축을 변경할 때가 왔다는 것을. 그리고 절대 자책하지 않으려고 했다. 누가 뭐래도 나는 기습 공격을 받은 것이었다. 건강 앞에 장사 없다. 사람들은 나를 강하고 독한 여자 보스로 보지만 그날 세상은 내게 강한 펀치를 날렸다. 그리고 하루하루 이어지는 검사와 치료는 점차 내 '뉴 노멀'로 자리 잡았다. 삶이 내게 큰 한 방을 날렸지만 나는 쓰러지지 않을 것이고 인생 전체가 무너지게 내버려 두지 않을 것이었다.

삶은 때때로 새로운 방식을 요구한다

중심축을 변경한다는 것이 그간의 내 루틴을 포기한다는 뜻은 아니었다. 나는 오히려 루틴을 지키려고 무지 애를 썼다. 그 덕분에 정신을 똑바로 차릴 수 있었고 비현실적인 기간을 견딜 수 있었다. 하지만 가끔은 내 루틴에서 멀어져야 할 때도 있었다. 그럴 때는 최대한 기존의 루틴에 가깝게 바꾸려고 노력했다. 원래의 루틴을 완전히 없애는 대신 일부를 새롭게 해야 하는 일들로 대체했다.

이른 아침 시간이 여전히 내 것이라는 사실에는 변함이 없었다. 아침에 하던 리추얼을 유지할 수 있다는 것은 감사한 일이었다. 하지만 성인이 되면서 신경 써 관리했던 내 몸뚱이에 대해 통제력을 일부 잃었다는 사실은 다소 충격적이었다. 가령 기력이 많이 떨어지는 날이 있었다. 그럴 때는 현재 상황을 받아들이고 몸이 보내는 신호에 대응해야 했다. 수술 후에는 특히 더했다. 본능적으로 신체적인 불편함을 이겨 내고 '원래의 나'로 돌아가려고 할 때면 이내 몸이 하는 말에 자세를 낮추게 됐다. 마음으로는 언제든 일어나서 달릴 준비가 됐지만 때로는 당신의 몸이 다른 결정을 한다.

병에 대해 진단받았을 때 내가 같은 병을 가진 수많은 여자 중 하나라는 사실도, 내 경우가 여러 면에서 다행이라는 사실도 알고 있었다. 나는 병에 대한 치료법을 듣고 다음 단계를 준비했다. 늘 그랬던 것처럼 수술 전과 수술, 수술 후를 계획했다. 계획을 세워도 결국에는 중심축을 변경해야 했다. 내게 주어진 시간, 몸의 반응, 매일의 개인적인 생활과 비즈니스 등 모든 것이 새로운 방식을 요했다. 새로운 방향을 찾아야 했다.

갑자기 내 생활의 일정을 짜는 일이 그 전보다 약간 복잡해졌다. 그날 진료 예약을 할 수 있을까? 그때 내 컨디션은 어떨까? 이런 복잡한 상황에서는 변수도 다양했다. 중심축을 변경한다는 것은 미리 계획이 됐든 안 됐든 필요할 때 조정을 한다는 의미였다.

지금에야 말하지만 이 모든 것을 나는 꽤나 잘 처리했다. 적어도 최선을 다했다. 쉽지 않았지만 불가능한 것은 아니었다. 나는 내 의도들에 집중했다. 어쩌다 보니 예상치 못한 건강 문제를 해결하는 일이 새로운 의도로 내 루틴에 포함됐다.

삶이 뒤통수를 칠 때
계획의 진가가 드러난다

이렇게나 열심히 사는데도 인생은 여전히 우리의 뒤통수를 친다. 그런데도 우리는 왜 그렇게 시간을 들여 계획을 짜고 점검할까? 그 이유를 알려 주겠다.

의도를 갖고 아침에 일어나 하루를 알차게 보내기로 계획하고 당신을 목표에 맞춘다면 앞으로의 길에 확신을 가질 수 있다. 그러면 무슨 일이 생겨도 어느 방향으로 가야 할지 알게 될 것이다. 그리고 이 '무슨 일'은 앞으로도 언제든지 생길 것이다.

이렇게 생각해 보자. 당신의 일일 계획이 하루를 안내해 주는 내비게이션이라고 생각해 보는 것이다. 예정에 없던 일이 발생해 다른 길로 돌아가야 하는 상황에 놓였다. 경로를 이탈

할 수밖에 없다. 이때 당신의 목적지까지 가는 일을 포기할 것인가?

그럴 수는 없다! 중심축을 변경하라는 말이 완전히 새로운 방향으로 가라는 의미는 아니다. 어떨 때는 약간의 방향 전환을 의미하기도 한다. 아니면 잠깐 시간을 내서 하는 소소한 행위일 수도 있다. 가령 심호흡을 하며 스스로에게 집중할 수 있을 때까지 하나, 둘, 셋 숫자를 세는 일 말이다. 그런 다음에 다시 계획으로 돌아가는 것이다.

목적지로 가는 방향을 못 잡고 있을 때 예상치 못한 변수가 나타나면 탈선할 수도 있다. 하지만 머릿속에 계획이 있다면 둘러 가는 길이 훨씬 덜 두렵다. 매일매일 당신이 가야 하는 길을 설정하면 정상 궤도를 유지하는 데나 경로를 이탈했을 때 다시 돌아가는 데 도움이 된다.

장담컨대 중심축 변경이 필요해지기 전에 당신에게 어떠한 계획이 있다면 그것을 통해 얻은 자신감이 큰 자산이 될 것이다. 매일매일 당신이 어디로 가야 하는지 안다고 상상해 봐라. 그날 행여 어떤 문제가 생겨도 당신의 의도를 세우는 과정에서 생긴 에너지로 그 문제를 해결할 준비가 됐다고 상상해 봐라. 명확하고 차분하게, 그리고 잘 정리된 생각들로 예상치 못한 일을 해결하는 것이다.

계획 짜는 습관을 어려워하는 사람을 종종 볼 수 있다. 일정표에 그저 한 가지를 더 추가할 뿐인데도 하루 중 언제 끼워 넣어야 할지 모르겠다며 어려워한다. 지금부터 내 얘기를 잘 들어라. 새로운 습관을 시작하는 데 적당한 시간이라는 것은 절대 없다. 인생이 그렇다. 언제 무슨 일이 일어날지 한 치 앞을 몰라 계획대로 일이 진행되지 않을 수 있기 때문이다. 시간을 내야 한다. 그리고 인생에서 당신이 만들어 내는 모든 변화에 더해 이 새로운 습관에 집중해야 한다.

예상치 못한 상황이 벌어지지 않을 것이라며 구체적인 계획을 짜지 않아도 된다고 생각하는 사람들이 있다. 실제로 그런 상황이 벌어지기 전까지 말이다. 예상치 못한 일에 대한 가능성을 회피하는 것이 당장은 편할지도 모르겠다. 하지만 절대 현명한 태도가 아니다. 일진이 좋지 않은 날, 힘든 한 주, 아이들 문제, 가족의 위급 상황, 자동차와 직장 문제 등 일정을 망치는 일들은 살면서 우리 모두가 한 번쯤 겪는 일이다. 이런 문제들을 그저 피할 수 있기를 바라면서 살 수는 없다.

만약 부정과 회피 속에서 사는 자신을 발견한다면 이렇게 근본적인 문제들을 왜 회피하는지 진지하게 고민할 필요가 있다. 이는 당신 내면에서 나오는 목소리로, 무언가가 감지됐다는 것을 의미한다. 마치 고속도로에서 공사 현장 인부가 주황색 깃발을 흔들며 다른 길을 알려 줄 때 같은 일종의 경고 사인이다. 이 문제가 어디서부터 시작됐는지 근본적인 원인부터 찾아 직면해야 한다. 당신의 의도를 늘 염두에 두면서 말이다. 그런 후 당신이 결심한 변화들과 함께 당신의 계획을 실행하는 데 다시 집중한다.

매일이 선물이다. 어려운 시기를 마주하거나 일정이 뒤틀릴 때면 이를 기억하기가 쉽지 않다. 하지만 당신은 살아 숨 쉬고 있다. 지금 이 순간도 삶은 계속 진행 중이다. 인생에 리허설은 없다. 그야말로 진짜 인생이다. 그러니 오늘을 위한 당신의 계획을 짜 보자!

기적이 일상이 되는 순간

그날그날 당신의 의도를 10분간 점검하고 중심축 변경이 필요할 경우 어디에서 유동성을 확보할 수 있는지 식별해라. 개선이 필요한 부분은 개선해라. 그러면 머지않아 기분 좋게 당신의 하루를 맞이할 수 있을 것이다.

기회는 단 한 번뿐이다. 당신에게 주어진 24시간은 선물이지 담보가 아니다. 이 매일이라는 선물을 허투루 쓰지 마라. 하루를 위해 준비하고 오늘을 온전히 살아 내라. 필요하다면 중심축을 전환해라. 세상이 준 선물을 마음껏 만끽해라.

탁 트인 고속도로가 당신을 기다리고 있다. 당신의 길을 결정하는 데 지금보다 더 좋은 때가 있을까?

03

단순한 패턴에
따라 움직여라

·

더 큰 성취를 준비하기

우리가 반복적으로 하는 것이 우리를 만든다.

숀 코비(기업가, 《성공하는 10대들의 7가지 습관》 저자)

이제 당신은 아침 일찍 일어나고 오늘의 할 일에 집중할 수
있게 됐다. 다음은 당신의 하루를 최대한 활용할 차례다.

좋아하는 소설책이나 TV 프로그램을 생각해 봐라. 초반에
주인공이 등장한 다음에는 언뜻 보기에 내용과 상관없어 보
이는 꽤나 구체적인 요소들이 씨앗처럼 여기저기 뿌려져 싹
을 틔우고 열매를 맺는다. 마지막에는 이것들이 모여 이야기
의 결말이 난다. 당신의 하루도 비슷하다. 하루의 시작이 하

루 전체의 무대를 마련한다. 아침은 당신이 씨앗을 심고 각각의 특별한 행위의 시작을 알리는 시간이다.

관련 없어 보이는 행동이 성취를 돕는다

당신이 매일 아침에 하는 작은 일들을 적어 목록을 만든다면 어떤 모습인가? 사소한 일도 상관없다. 특별히 생각하지 않고도 매일 아침 자동적으로 하는 것들을 목록화하면 우리의 여정에서 돌발 상황이나 방지턱을 만나도 이를 토대 삼아 목표를 향해 계속해서 나아갈 수 있다.

이 소소한 리추얼을 그저 습관적이고 사소한 것으로 치부하는 경향이 있다. 단백질 스무디를 마시고 텀블러에 정수기 물을 채우고 매일 같은 길로 회사에 간다. 별것 아니라고? 틀렸다. 별것이다! 우리가 하는 모든 것은 중요하다. 명심해야 할 것은 소소한 리추얼이 시간이 지나면서 더 중요해진다는 사실이다.

당장 편하다는 이유로 작은 행동의 중요성을 무시하고 그것이 장기 목표에 끼치는 영향을 간과하면 문제가 생긴다. 집에서 만든 단백질 스무디를 싸 오지 않으면 업무 중 당장의 허기를 채우기 위해 달달한 가공식품에 손을 댈 수 있다. 즉 각적인 기분 전환이 필요할 때는 텀블러의 냉수 대신 커피를 마시게 될 수 있다. 늦잠 자느라 집에서 늦게 출발한 당신은 꽉 막힌 출근길의 도로에서 연신 스마트폰을 확인할 것이다.

루틴을 포기한 채 신체가 필요로 하는 영양분과 수분을 올바르게 공급하지 않고 과도한 스트레스로 우리의 아침을 위험에 빠뜨리면 방종한 태도가 자리 잡는다. 즉각적으로는 성과를 내지만 장기적으로는 나쁜 결과를 낼 수 있다. 이 모든 것이 단기간에 만족감을 얻기 위해서라는 전제하에 말이다. 여러 연구를 통해 입증됐듯이 당신이 하루를 시작할 때 하는 작은 행동들이 그날에 지대한 영향을 끼친다.

전 미 해군 특수 부대 대장 윌리엄 H. 맥레이븐은 《침대부터 정리하라》에서 이런 내용을 언급한 바 있다. 침대 정리 같은 작은 습관이 인생에서 만나는 도전에 성공적으로 맞서는 능력과 직접적으로 관련이 있다. 임무를 완성하는 패턴을 수립하기 때문이다. 2014년 텍사스대학교 졸업식의 축사를 연설하는 자리에서 그는 아침에 작은 임무들을 완수하면 뿌듯함을 느껴 계속하고 싶은 마음이 들 것이라고 조언했다. 사소한 행동들은 소중하며 이것들은 더 큰 성취를 준비하는 작은 단계라고 설명했다. 그가 조언한 대로 "세상을 바꾸고 싶다면 침대부터 정리하라". 이 얼마나 강력한 메시지인가!

베스트셀러 작가 찰스 두히그는 여기서 한 걸음 더 나아갔다. 그는 《습관의 힘》에서 침대 정리처럼 단순한 행동이 회사에서의 생산성을 직접적으로 증대하지는 않지만 다른 습관을 실천하도록 도와주는 '핵심 습관'이 될 수 있다고 했다.

숨 쉬듯이 자연스럽고 자동적인 리추얼의 원칙

침대를 정리하거나 요가를 하거나 배우자를 챙기는 등 건강한 아침을 위한 리추얼들은 습관으로 자리 잡고 가시적인 효과를 부르기까지 시간이 걸린다. 자신에게 어떤 것이 맞고 안 맞는지를 알아보기 위해 단계별로 시행착오를 겪기도 해야 한다. 그렇다면 아침 리추얼을 세우고 꾸준히 실천하는 사람들의 비법은 무엇일까? 바로 의도, 계획, 일관성을 중시하는 것이다.

의도: 원하는 결과를 위해 작은 것에 주의를 기울여라

내일 입을 옷이 오늘 밤에 저절로 준비될 리 없다. 단백질 스무디는 알아서 만들어지지 않는다. 매일 출근길을 방해하는 도로 바리케이드는 저절로 해결되지 않는다. 침대를 정리하려면 침대 커버, 이불, 베개가 필요하다. 같은 이치로 다음 날에 입을 옷은 전날 잠들기 전에 결정해야 한다. 편안함, 전문적인 이미지 등 의도가 무엇이든 여러 가지를 생각하면서 말이다. 스무디를 만들기 위해서는 필요한 과일과 채소를 세척한 후 전날 믹서기에 미리 넣어 놔야 할 것이다. 다음 날 아침에 재빠르게 만들어 가져가려면 말이다. 회사에 정시에 도착해야 한다면 차가 막혔다는 핑계는 이제 그만 대기를 바란다. 이런 핑계는 한 번으로 충분치 않은가? 차가 막힌다는 사실을 알고 있다면 이를 대비해 대체 가능한 다른 길을 찾아라. 내일 더 큰 공사가 있어 길이 더 막힐지 누가 아는가? 현명함을 발휘해 예방책을 마련해라.

작은 것에 주의를 기울이는 일은 사소한 것들을 알아채는 일 이상을 의미한다. 사소한 것들을 당신의 일상 계획에 포함할 필요가 있다. 노력이 필요하다. 그러면 어디서부터 시작해야 할까?

계획: 다른 사람이 되려고 하지 마라

아침 리추얼이 효율적이려면 마음이 끌리는 것이어야 한다. 마음이 가지도 않는 일을 리추얼로 포함할 이유는 없다. 자신에게 가혹할 필요는 없지 않은가? 예를 들어 의지가 넘쳐 흔히 생각하는 이상적인 루틴을 짠다고 가정하자. 새벽 5

시에 일어나 집중 운동 루틴을 따르고 당신이 질색하는 초록색 채소로 가득한 스무디를 들이마신다. 최고의 아침 리추얼이고 당신이 혹할 만한 자기 개선과 궤를 같이한다고도 할 수 있다. 그런데 당신이 아닌 다른 사람이 되기 위해 노력하는 것이라면 멈춰야 한다. 당신에게 맞는 리추얼을 찾아야 한다.

'다른 사람 되기'에 초점을 맞춰 목표를 세우는 것은 절대 다다를 수 없는 목표를 세우는 것이다. 당신이 아닌 새로운 사람이 되려고 하면 이내 불가능하다고 느낄 것이다. 당연한 이치다. 당신이 아닌 다른 누군가로 하루라도 살아 보려고 시도한 적 있는가? 행동 하나하나 억지로 해야 하고 최대치의 노력과 에너지를 끌어다 써야 한다. 생각만 해도 벌써 지친다. 많은 사람이 시작도 하기 전에 포기하는 것이 당연하다.

자기 개선을 이루기 위해 노력할 때는 '자기' 개선에 집중해야 한다는 사실을 명심해라. 즉 당신 본연의 상태에서 발휘할 수 있는 역량과 성과를 최대화하는 데 집중해야 한다. 나는 첫 번째 책에서 성공으로 향하는 당신의 여정이 누구에게나 다 맞는 것은 아니라고 말했다. 당신의 루틴과 리추얼도 마찬가지다.

일관성: 몸에 배려면 간단해야 한다

더 나은 목표를 위해 인생을 바꾸기로 결심했다면 당신의 속도로 편안하게 일상에서 충분히 실천할 수 있는 변화가 무엇인지 들여다보기를 바란다. 당신의 몸에 귀 기울여라. 타고난 본능이 당신을 안내하게 해라. 복잡한 것 없이 간단하게 가라.

내 아침 시간을 생각해 보면 나는 이미 아침 루틴이 너무나도 익숙해 그것을 실행하는 일이 물 흐르듯 자연스럽다. 아침에 일찍 일어나 운동을 한다. 어떨 때는 바닥에 매트를 깔고 20분짜리 짧은 요가 동작을 한다. 어떻게든 몸을 움직이는 것이 중요하다. 요가 매트를 잘 보이는 곳에 두고 빠져나갈 수 없게 나 자신을 위한 덫을 스스로 설치한다. 그러면 운동을 안 하기 위한 변명을 할 수 없다. 다른 리추얼로는 스무디를 재빨리 만들어 내가 키우는 강아지 스카이를 산책시키는 것이 있다. 내 삶을 구성하는 일상의 모습들이다.

이렇게 몸에 밴 자동적인 행위들은 아침과 그날 하루에 어떤 방법으로든 긍정적으로 작용할 것이다. 운동을 하면 엔도르핀과 아드레날린이 생성돼 하루를 활기차게 시작할 수 있다. 비타민이 가득한 스무디는 몸과 마음에 건강한 자양분을 제공할 뿐 아니라 속을 든든히 채워 점심때까지 버틸 수 있게 해 준다. 밖에 나가 잠깐이라도 걷거나 사랑하는 스카이에게 공을 던져 주면 나만의 즐거운 시간을 보내고 상쾌한 아침 공기를 마실 수 있다. 스카이가 공을 물어 오면서 즐거워하는 모습을 바라보며 또다시 바쁘게 돌아갈 하루를 준비할 수 있다.

반복적인 행동 그 이상의 의미

내가 일상에서 실천하는 작은 것들 중 하루를 보내는 데 가장 기본적이며 필수 불가결한 요소가 된 것이 몇 가지 있다. 대표적으로 사회적인 리추얼이다. 내게 너무나도 잘 맞는 리추얼 중에서도 나는 점심시간의 이 리추얼을 가장 좋아한다.

나는 원래 점심시간의 루틴에 전혀 익숙하지 않았다. 너무 바빠서 에너지바나 간단히 먹거나 아예 식사를 건너뛰었다. 하지만 남은 하루를 버티려면 정상적으로 식사해야 한다고 깨달은 후로는 밖에서 점심을 먹기 시작했다. 우리같이 늘 사무실 밖에서 업무를 보는 사람들에게는 다소 평범한 점심 루틴일 것이다. 하지만 나는 이것 때문에 점점 짜증이 났다. 점심을 먹기 위해 밖에 나간다는 말은 하던 일을 중단한 채 차를 타고 근처에 있는 식당에 가 자리를 맡고 주문한 음식을 기다린다는 의미였다. 사무실로 돌아가는 길에 행여 아는 사람이라도 만나 잠깐 얘기를 나누면 업무 복귀는 늦어지기 마련이다. 정말이지 귀찮아지고 만다.

평소 나는 먹는 것을 좋아하고 사람들을 만나는 것도 좋아한다. 그런데 이것이 매일 하는 루틴이 되는 것은 내게 맞지 않았다. 그렇다고 끼니를 거르거나 에너지바로 허기를 달래기만 할 수는 없는 노릇이었다. 그래서 생각한 것이 포장 음식을 주문하는 방법이다. 나는 동네 맛집의 치킨샐러드를 즐겨 찾았다. 그런데 결국에는 이 방법도 최고의 점심 루틴이 아니었다. 샐러드를 반 정도 먹을 때면 사무실에 사람들이 들락날락했는데 혼자만 무언가를 먹고 있다는 사실에 미안해졌다. 그때까지도 내게 맞는 루틴을 찾지 못했다.

그러다가 계획을 세우기 시작하면서 좋은 생각이 떠올랐다. 신선한 재료들을 사무실에 가져가 점심으로 먹는 것이었다. 일요일마다 로메인상추 몇 팩을 사 씻은 뒤 물을 빼고 보관했다가 월요일 아침 출근길에 들고 갔다. 탕비실에 있는 작은 냉장고에 일주일을 책임져 줄 채소며 단백질 식품이며 집에서 가져온 것들을 보관했다. 점심이 되면 샐러드를 만들었다. 사무실을 오고 가던 직원들은 내가 만드는 샐러드의 양을 보고 다 같이 나눠 먹기 시작했다.

이 사소한 점심 샐러드 이벤트가 사회적인 리추얼로 발전하는 데는 오랜 시간이 걸리지 않았다. 사람이 많든 적든 중요하지 않았다. 언제나 점심을 먹기 위해 들르는 사람이 있었다. 나는 본래 나누는 것을 좋아하기 때문에 누구라도 와서 함께 식사하는 일은 기분 좋은 일이었다. 밥을 같이 먹는 사람을 식구라고 하지 않던가? 점차 가족과 함께 밥을 먹는 느낌이 들었다.

누구나 환영받는 일과 맛있는 음식을 좋아한다는 공통분모가 있기에 모두가 대화에 참여할 수 있었다. 샐러드 하나를 만들기 위해 모두가 힘을 모았다. 처음 도착한 사람이 큰 그릇을 꺼내고 상추를 썬다. 샐러드에 넣는 재료는 다양하다. 어떨 때는 프로슈토를 넣기도 하고 어떨 때는 참치 캔이나 병아리콩을 넣어 섞기도 한다. 한편에 홈 메이드 간식을 사이드로 놓기도 한다. 그러다 드레싱 넣을 시간이 돌아오면 내가 마지막 터치를 하면 된다.

이 루틴은 시작부터 유기적이었다. 자연스레 생겨나서 하루의 일부가 됐기 때문이다. 점심 루틴을 함께한 사람들은 이 시간이 온갖 주제의 대화가 오고 가는 자리라고 입을 모을 것이다. 저녁 식사 자리에 모여 앉은 식구처럼 우리는 넘치는 에너지로 목소리를 내고 재미있는 이야기로 웃음꽃을 피운다. 서로 피드백을 공유하면서 예정에 없던 브레인스토밍 자리가 되기도 하고 독창적인 아이디어와 비즈니스 전략을 나누는 시간이 되기도 한다. 사람들이 소속감을 느끼면, 게다가 밥을 제공받으면 많은 일이 벌어질 수 있다.

식사하는 시간이 15분이 됐든 1시간이 됐든 이 점심 리추얼은 하루의 중요한 습관이 됐고 나는 그만둘 생각이 전혀 없다. 고정 멤버 중 누구라도 빠지거나 내가 사무실을 비우게 되면 나는 다 같이 먹던 점심 식사를 그렇게도 그리워한다.

밥을 같이 먹는 이 리추얼은 단체 식사 그 이상의 의미가 됐다. 사람들은 이 자리에 함께함으로써 공동체 의식을 느끼고 서로의 경험을 공유한다. 어떤 날은 한 직원이 어려운 판매 상황에서 고객들을 어떻게 더 지원할 수 있을지에 대해 모두가 머리를 모아 전략을 짠다. 또 어떤 날은 개인사를 나누며 서로에 대해 조금씩 더 알아 간다. 결론적으로 이 자리는 함께 둘러앉아 맛있는 음식을 먹고 다양한 주제의 대화를 나누는 기회다. 나는 사무실을 긍정적이고 포용적인 분위기로 만들기 위해 부단히 노력했다. 장담컨대 이 자리에 함께한 사람이라면 점심 리추얼이 이런 분위기를 형성하는 데 큰 역할을 했다고 느낄 것이다.

내일 삶을 마감한다고 해도 그 행동을 반복할 것인가?

하지만 명심해야 할 것이 있다. 매일매일 일상에서 실천하는 리추얼이 있다고 해서 전부 당신의 인생에 좋은 영향을 준다는 의미는 아니다. 긍정적인 리추얼이 긍정적인 효과를 내는 것처럼 부정적인 리추얼은 금방 몸집을 불려서 우리를 맥빠지게 할 수 있다. 변화를 포용하고 우리에게 성취감을 주는 작은 것들을 위한 환경을 마련하는 것뿐만 아니라 현재 우리의 인생을 정직하게 바라보고 어느 부분에서 조정이 필요한지, 어떤 리추얼과 루틴을 완전히 중단해야 하는지 판단하는 것이 중요한 이유다. 우리 자신과 목표에 도움이 되지 않는 행위들을 과감히 끊으면 더 나은 리추얼을 위한 환경을 마련할 수 있다.

여기서 핵심은 의식이다. 한 걸음 뒤로 물러나 주위를 살피고 당신 내면을 볼 때 비로소 본격적으로 시작할 수 있다. 자기 개선을 위한 한 걸음은 늘 내면에서 출발했다.

혁신의 아이콘 스티브 잡스는 일상의 루틴과 리추얼을 어떻게 포용해야 하는지, 개선이 필요할 때는 어떻게 해야 하는지 깨달은 사람의 좋은 예다.

"오늘이 내 인생의 마지막 날이라면 오늘 하려던 일을 할 것인가? 만약 이 질문에 계속 '아니오'라고 답한다면 무언가를 바꿔야 한다는 뜻이다."

스티브 잡스의 조언을 따를 준비가 됐는가?

기적이 일상이 되는 순간

이미 당신의 의도를 실행하는 리추얼과 변화가 필요한 리추얼을 식별해라. 당신이 실천하는 리추얼의 현 상황을 파악하고 새로운 리추얼 모색에 힘쓰면 일상의 작고 긍정적인 변화가 하루를 변화시킬 것이다. 집중력이 높아지고 에너지가 넘치며 더 행복해질 것이다. 당신이 하는 모든 것에서 추진력을 느끼기 위해 스스로에게 진심을 다할 것이기 때문이다.

04

작고 현실적인
방법을 생각하라

·

지속적으로 발전하기

당신이 매일 하는 것을 바꾸기 전까지는
당신의 삶을 절대 바꿀 수 없다.

존 C. 맥스웰(리더십 전문가)

작은 것들이 중요하다. 또한 변화하는 것이 중요하다. 우리
는 이를 앞 장에서 확인했다. 지속적으로 변화하게 하는 열쇠
가 늘 대단한 것에 있지는 않다. 진정한 변화는 한순간 나타
나 인생을 바꿔 놓는 중요하고 큰 변화가 아닐 수 있다. 변화
는 종종 작은 것에서 온다. 매일 하는 작은 행동들이 시간이
지나면서 하루하루 쌓인다. 진정한 변화는 결국 당신이 기꺼

이 하는 모든 것에 대한 대가라고 볼 수 있다.

한 번 실패하면
한 번 더 시도하라

이 책을 쓰면서 일상의 변화에 영향을 주는 요소들에 대해 생각해 봤다. 그리고 직원들에게 새로운 습관을 기르고 변화를 경험하면서 느꼈던 긍정적인 점과 부정적인 점에 대해 물어보기로 했다.

"당신의 루틴에 새로운 습관을 추가한 적 있나요? 이때 한 번에 바로 성공했나요?"

이 질문에 그들은 이렇게 대답했다.

"많은 노력이 필요해요. 제 경우에는 몇 주가 걸리죠. 그중에서 어떤 습관은 유지되고 어떤 습관은 그렇지 않아요."
"절대 포기하지 마세요. 될 때까지 계획을 계속 변경하면 돼요!"
"지금 새로운 습관을 추가하려고 노력 중이에요. 아침 식사

전에 운동하는 습관을 들이려고 했는데 작년에는 거의 지키지 못했어요. 지난주에도 실패했고 이번 주도 마찬가지죠. 그래도 다음 주에는 할 수 있을 거라고 믿어요. 동기 부여를 위해 작은 비전 보드를 만들어 건강하고 강한 여성들의 사진을 붙여 놨어요. 운동복도 새로 장만했습니다."

"어떤 습관들은 꾸준히 실천하기 위해 수많은 시도가 필요하다는 것을 깨달았어요. 솔직히 말하면 습관을 지킬 때도 있었고 어떨 때는 바로 포기한 적도 있었어요. '만약 습관을 지키는 데 성공했다면 그 습관들은 오래 갔을까?'라는 질문을 해 봅니다."

질문에 답한 대부분은 새로운 습관을 기르는 데 어려움을 겪었으며 몇 번 시도한 후 포기한 경험을 했다. 당신 얘기를 하는 것 같다고? 우리는 모두 인간이다. 시도하기도 하고 실패하기도 한다. 그리고 또 시도한다. 좋은 아이디어를 이행하는 일과 마찬가지로 좋은 습관을 들이는 데 결국 성공하는 이들은 바로 포기하지 않고 계속하는 사람들이다.

제임스 다이슨은 다이슨의 베스트셀러 진공청소기를 만들기 위해 시제품만 5,127개를 제작한 인물이다. 그는 혁신적인 디자인을 고안하기까지 5,126번 실패했다. 그야말로 인생의 쓴맛을 제대로 느껴 본 사람이 아닐까? 실패하는 동안 쏟아부

어야 했던 시간, 에너지, 돈은 그를 포기하게 할 법도 했지만 45억 달러에 달하는 그의 현 가치는 결국 그가 옳았음을 증명한다.

세상과 단절된 은둔자에서 매일 변화하는 사람으로

나는 19살 때 나쁜 습관에 빠져 있었다. 이 습관이 나를 심하게 짓누르기 시작했다. 갓 결혼해 본가를 떠나 남편과 새로운 집에서 새로운 인생을 시작하던 시기였다. 부모님의 통제 아래 명확하게 정의된 구조에서 살다가 한 남자의 아내라는 새로운 역할이자 미지의 영역으로 들어간 것이다. 아내의 역할에 부응하기 위해 노력하며 살았다. 그러다 언젠가부터 먹는 것이 유일한 낙이 됐다.

처음에는 작은 파이나 저녁 식사 후에 먹는 스낵으로 시작했다. 그런데 '양 조절'이라는 개념을 어디에 버렸는지 곧 시도 때도 없이 먹는 것에 집착했다. 음식을 보면 짜든 달든 종류를 가리지 않고 흥분하며 먹어 댔다. 동네 빨래방 근처에서 맥도날드 드라이브스루를 발견한 후로는 그곳을 그냥 지나칠 수가 없었다. 빨래방에 가면 세탁기에 빨랫감을 넣어 놓고 맥도날드에서 빅맥을 먹으며 빨래가 다 되기를 기다렸다.

시간이 지나면서 빅맥 한 개는 두 개가 됐고 빅맥 두 개는 갑자기 감자튀김을 포함한 세트가 됐다. 솔직히 말하겠다. 두 사람이 주문한 것처럼 보이기 위해 음료를 두 개 주문한 적도 있다. 지금에야 웃으면서 말하지만, 내 마음대로 무언가를 반드시 해야 하는 습관에 저항하지 못했던 당시의 상태는 내가 정크 푸드보다 더 큰 것을 갈구하고 있다는 거대한 적신호였다.

이런 습관이 계속되면서 몸무게가 점점 늘었고 순식간에 14킬로그램이 불었다. 기존의 몸무게와 키를 생각하면 14킬로그램은 정말 큰 숫자였다. 입을 옷이 없다고 불평하는 사람들이 있지 않은가? 그 당시의 나는 말 그대로 입을 수 있는 옷이 하나도 없었다. 들어가는 옷이 한 벌도 없었다.

결혼한 지 얼마 안 됐을 때라 내 모습을 본 사람들은 임신한 것이 아닌지 물어보기도 했다. 그들에게 "아니요, 임신 안 했어요"라고 소심하게 대답하는 나 자신이 초라하게 느껴졌다. 자신감이 없어진 나는 집에서만 시간을 보내며 세상과 단절된 채 스스로를 고립시키기 시작했다. 거울에 비친 나는 누구인지 알아볼 수 없을 정도로 전혀 다른 사람이 돼 있었다.

문제를 인정하고 원인을 찾다

그렇게 1년이라는 시간 동안 건강하지 않은 습관에 빠졌고 이로 인해 내 인생도 정말 많은 영향을 받았다. 계속 이렇게 살 수는 없다는 사실을 알고 있었다. 멈춰야 했다. 그런데 문제는 음식이 아니었다. 그 전까지는 그렇게 건강에 나쁜 음식을 먹어 본 적도 없었다. 문제는 먹어도 먹어도 포만감이 느껴지지 않는 것이었다.

내게 도대체 무슨 일이 일어나고 있는지, 내가 무엇을 그렇게 갈망하는지 생각했다. 그리고 내가 채 준비되지 않은 상태에서 새로운 삶에 생긴 공백을 채우려고 노력하고 있었다는 사실을 깨달았다. 결혼과 함께 내 루틴이 완전히 바뀌었고, 새로운 인생을 설계할 시간을 갖지 않았던 것이다. 그 전에는 이런 생각을 하지 않아도 됐다. 인생은 그저 살아가기만 하면 되는 것이었다. 그런데 이제는 내 세계와 책임의 영역이 확장됐다. 고로 내 루틴과 선택에 더 신경 쓸 필요가 있었다.

결국 매일매일 자기 인식을 높여야 했다. 먼저 내게 문제가 있음을 인정해야 했다. 그리고 왜 그런 문제를 갖게 됐는지 판단해야 했다. 그런 다음 나쁜 습관을 멈추고 변화하기 위한 방법을 찾아야 했다. 이를 위해 나는 체계적으로 생활했고 미리 계획했으며 새로운 삶에 어느 정도의 구조를 잡는 데 집중했다. 목적을 갖고 공백을 채우기 위한 방법을 찾아야 했다.

현실적인 목표를 세우다

식습관과 새로운 삶의 통제권을 되찾고 변화하는 일은 하루아침에 이뤄지지 않았다. 나는 이 변화를 매일 조금씩 실천하기 위해 내가 이룰 수 있는 현실적인 목표를 세웠다.

가령 한 번에 1킬로그램씩 감량하는 것은 달성 가능한 목표라고 생각했다. 음식을 완전히 끊거나 굶는 대신 건강에 나쁜 음식을 건강한 음식으로 대체하는 방법을 택했다. 건강한 몸과 마음, 정신을 위한 선택이었다. 일시적인 다이어트와 헬스장에서 하는 운동은 현실적이지 않을 뿐더러 내키지도 않았다. 음식을 사랑하는 사람으로서 좋은 음식을 포기할 생각도 없었다. 단지 나쁜 음식이 내게 도움이 안 될 뿐이었다. 나는 내가 섭취했던 것들이 내 몸에 도움이 되지 않는다는 사실을 잘 알았다. 그런 음식이 몸에 들어오면 신체 활동이 제대로 이뤄지지 않았다. 피부가 바로 반응했고 몸이 신호를 보냈다. 그때부터 몸이 하는 말에 귀를 기울이기 시작했다.

느리지만 점점 내 식습관에 대한 통제력을 되찾기 시작했다. 몸도 긍정적인 신호를 보내 줬다. 자신감이 생기고 에너지가 올라가는 것이 느껴졌다. 내 예전 모습이 돌아오기 시작했다. 매일 조금씩 변화를 실행하는 이 경험은 건강한 방식으로 체중 감량에 성공하는 데 도움이 됐을 뿐 아니라 확실하면서 도달 가능한 목표를 세우는 것이 인생에 얼마나 큰 영향을 끼칠 수 있는지 깨닫는 기회를 줬다. 꾸준히 노력할 자세만 돼 있다면 변화는 언제나 가능했다.

건강하고 지속적인 변화를 위하여

일상에서 나쁜 식습관을 기르기는 쉽다. 나쁜 식습관에 빠지면 그것이 언제 어떻게 건강을 강타할지 알기도 전에 우리는 그 습관에서 허우적거리게 된다. 부끄러워할 일이 아니다. 우리는 모두 인간이고 어느 누구도 완벽하지 않다. 중요한 것은 이런 스스로를 알아채고 현 상황에 이르게 된 원인을 이해하고 그것으로부터 빠져나오는 것이다. 당신을 정의하는 것은 당신의 실수가 아니다. 실수를 알아챘을 때 당신이 무엇을 하는지가 당신을 정의한다.

내가 고장 나지 않았다는 사실을 기억하라
안타깝게도 사람들은 보다 나은 인생을 위해 변화하거나

새로운 습관을 들여야 한다고 느껴지면 자신의 '고장 난' 무언가를 고쳐야 한다고 생각한다. 우리는 뚱뚱한 모습이 볼품없다고 생각한다. 그래서 살을 빼기로 결심한다. 우리는 친구들 사이에서 조금 더 인정받기를 원한다. 그래서 무리해 가며 비싼 물건을 사서 자랑한다. 가족에게는 자신이 무엇이든 다 할 수 있다는 것을 보여 주려고 자처해서 책임을 떠맡는다. 이는 무한 반복된다.

긍정적인 변화를 위해 인생의 부정적인 부분에 대해 고심하는 것에는 아무 문제 없다. 하지만 그렇다고 인생 전부를 부정적으로 여길 필요는 없다. 자책과 수치심 속에서 살 필요는 없다. 당신이 하루를 시작할 때, 그리고 이 책을 읽을 때 이 점을 꼭 기억하면 좋겠다. 당신은 고장 나지 않았다. 지금 이 순간 완벽하게 정해진 좋은 습관과 리추얼이 없어도 괜찮다. 당신은 자신의 길을 제대로 가는 유능하고 강인하고 가치 있는 사람이자 작은 변화가 가진 힘을 아는 사람이다.

단점을 장점으로 바꾸는 것도 자기 개선이라고 부를 수 있을지 몰라도 우리가 집중해야 하는 것은 따로 있다. 우리 삶의 지속적이고 의미 있는 변화를 위해 꾸준히 노력하고 싶다면 변화를 위한 매일의 노력과 자기 개선은 의식, 이해, 자기 용서로부터 나와야 한다. 습관을 들여 조금씩 꾸준한 방법으로 변화에 접근해야 하는 중요한 이유다.

호기심을 가져라

더불어 건강하고 지속적인 변화에 중요한 또 다른 요소는 호기심이다. 이 책을 통해 새로운 지식을 습득하고자 하는 당신의 의지는 현재 당신의 자리를 입증하는 긍정적인 증거인 셈이다. 내가 당신과 함께 여기 있다는 것을 기억해라.

당신의 일상에 변화를 줄 준비가 됐는가?

기적이 일상이 되는 순간

당신의 루틴에서 취약점을 파악하고 개선을 위해 작은 변화를 결심해라. 일상에서 조금씩 변화를 꾀하기 위해서는 작은 것부터 실천하는 것이 관건이다. 의식적인 행동과 자기 인식을 위한 당신의 능력을 계속 조절해 가면서 작지만 실현 가능하고 지속 가능한 것부터 시작한다. 시간이 지나면서 이 작은 습관들은 당신 인생에 중요하고 지속적인 변화를 일으킬 것이다.

다음 단계로 갈 준비가 됐는가? 출발해 보자!

05

무엇을 원하는지
되물어라

·

진심을 다하기

진정성은 우리가 매일 해야 하는 선택의 모음이다.
당신의 진정한 모습을 보여 주는 선택에 관한 것이다.

브레네 브라운(심리학자)

진정한 모습이냐, 아니냐. 그것이 문제로다! 진정성은 이
해하기 힘든 개념이다. 당신의 일상에서 계속 함께한다면 더
욱 그렇다. 소셜 미디어라는 가상의 세계에 음식부터 즐길 거
리까지 모든 것에 필터를 씌운 이미지가 넘쳐 나는 오늘 같은
상황에서는 더 말할 것도 없다. 우리에게 노출된 것들과 우리
가 부응해야만 하는 사회적 기대를 생각하면 누구나 한 번쯤

자신의 진짜 모습을 잊게 되는 것이 어찌 보면 당연하다. 진짜 내가 된다는 것은 무슨 의미일까? 당신이라는 존재가 너무 나약해지기 전에 어떻게 투명하고 진정한 당신이 될 수 있을까? 이 진정성을 당신의 일상에 어떻게 습관으로 포함할 수 있을까?

진정한 의도와 가치 있는 삶의 상관관계

앞서 언급했던 '의도'의 개념으로 다시 돌아가 보자. 의도는 진정성을 얘기할 때도 가장 기초적인 요소이기 때문이다. 잘 염두에 두기 바란다. 우리는 지금 하루의 계획들에 대해서만 말하고 있는 것이 아니다.

문제에 접근하면서 자신에게 '지금 내 진짜 의도는 무엇인가?' 하고 마지막으로 질문한 적이 언제인가? 예를 들어 배우자와 갈등이 있을 때 특정 사안을 빨리 해결하고 화해하는가? 아니면 갈등의 기저에 놓인 내면의 문제를 해결하기 위해 상대방의 말에 주의를 기울이는가? 마찬가지로 직장에서 어디서부터 시작해야 할지 막막한 업무를 맡았을 때를 생각해 보자. 어떻게든 그냥 해치우려는 의도로 업무에 접근하는가?

당신이 능동적으로 앞장서서 여기저기 질문하고 조금 더 깊게 문제를 파고들어 가는 것은 어떨까? 그렇게 하면 시간 관리를 개선하고 주변 사람들에게 조금 더 편안하게 지원을 요청하는 등 당신이 그 업무를 하는 진정한 의미를 발견할 수 있을지 모른다.

자신의 진정한 의도를 신경 쓰지 않은 채 일상을 대하면 매 순간, 매 업무, 매 도전 과제를 진정한 목적이나 성과 없이 처리하게 된다. 이 얼마나 시간 낭비인가! 진심으로 성취하고 싶은 확실한 목표 없이 왜 그렇게 많은 시간과 에너지를 쏟는가? 그것이 다 무슨 소용인가?

베스트셀러 저자이자 동기 부여 연설가인 웨인 다이어는 이렇게 말했다.

"우리의 의도가 우리의 현실을 만든다."

당신의 진정한 의도를 이해한다면 당신은 진정한 삶을 살 수 있을 것이다. 이 둘은 궤를 같이한다. 서로 떼려야 뗄 수 없는 관계다. 그리고 이 둘은 당신의 자신감을 높여 준다.

진정성에 대한 두 가지 시나리오
두 가지 시나리오를 살펴보자.

직장을 옮겨 새로운 일을 막 시작했다. 상사가 당신이 어떻게 지내고 있는지 알아보기 위해 미팅을 하자고 했다. 솔직히 당신은 새로 맡은 자리가 적성에 맞지 않는다고 느끼던 터였다. 상사와의 미팅이 오늘 있을 줄을 알면서도 당신은 미팅을 위한 당신의 의도를 미리 생각해 오지 않았다. 게다가 당신은 왜 이 직무를 그만두고 싶은지 생각하는 데 어떠한 노력도 하지 않았기 때문에 왜 그 일이 자신에게 안 맞는지에 대해 확실한 생각이 없는 것이 당연했다. 그렇게 당신은 아무 준비 없이 미팅에 가서는 현장에서 어떻게 지내냐는 상사의 질문에 마지못해 잘 지낸다고 답했다. 당신은 자신이 무엇을 하기 싫어하는지 모르기 때문에 당신의 생각을 말하거나 질문하는 것을 주저했다.

결과는 어떤가? 진정성 없이 참석한 이 미팅에서 당신의 시간과 에너지뿐 아니라 상사의 시간과 에너지를 낭비했다. 자리로 돌아온 당신은 기분이 영 좋지 않다. 그리고 여느 때처럼 시간이 흘러간다.

반면 진정성과 의도를 고려했더라면 어땠을까? 미팅에 가기 전 어느 정도 생각할 시간을 가졌을 것이다. 그러면 새로운 일이 마음에 들지 않는 이유가 가령 매일 해야 하는 업무가 도전적이지 않고 성취감을 주지 않기 때문이라는 점을 발견했을 것이다. 그리고 지금보다 조금 더 많은 책무를 맡고 싶다는 사실을 알아차렸을 것이다. 당신의 역량을 보여 줄 수 있는 기회 말이다. 문제점을 인지하고 그에 대한 전략을 준비한 후 미팅에 임했다면 당신이 맡을 수 있는 프로젝트가 있는지 상사에게 물어볼 수 있었을 것이다. 얘기가 잘 풀린다면 상사와 구체적인 계획을 논의할 수도 있었을 것이다. 그러면 앞으로 있을 변화에 대한 기대감과 함께 기분 좋게 회의실을 나섰을 것이다. 또한 당신의 제안이 구체적으로 현실화될 수 있다는 사실로 자신감이 한껏 높아졌을 것이다.

이 두 가지 시나리오 중 어느 쪽이 더 매력적인가? 당신이 두 번째 시나리오를 선택했기를 바란다.

진정성을 습관으로 만드는 방법

그러면 진정성의 '습관'을 어떻게 길러서 자연스럽게 일상을 진심으로 대할 수 있을까? 다음 세 가지 질문을 자신에게 규칙적으로 건네는 일로 시작할 수 있다.

'여기서 나의 진정한 의도는 무엇인가'
'진심을 다하고 있는가?'

'내가 기대하는 것이 실현 가능한가?'

세 번째 질문은 당신의 새로운 습관을 일상에 반영하는 것을 확실히 하는 단계다. 예를 들어 당신이 자신에게 리더십이 있다고 진심으로 믿는다고 하자. 그리고 1년 내 당신이 몸담은 기업의 최고 경영층에 합류하는 것을 의도로 삼았다고 하자. 하지만 당신이 이제 막 대학을 졸업했고 한 부모 가정이라 파트타임으로밖에 일할 수 없는 상황이라면 시간적으로 볼 때 이 목표는 실현 불가능할 것이다. 아니면 자녀들과 하루 1시간씩 일대일로 시간을 보내겠다는 목표를 세웠다고 하자. 당신의 의도는 100퍼센트 진정성 있을지 모르나 적어도 현재로서는 현실적이지 않다. 시간은 유한하고 당신에게는 다른 할 일도 있기 때문이다.

습관이란 성취 가능할 때만 효과적이다. 비현실적이라면 실패에 실패를 거듭할 것이고 이는 결코 우리의 목표가 아니다. 또한 습관이란 규칙적으로 이행해야만 효과가 있다. 이는 습관을 잘 지키고 있는지 일상에서 시간을 내 확인해야 함을 의미한다. 습관을 실행하면 가시적이고 지속적인 결과를 내게 돼 인생 전반에서 성취감을 느낄 것이다. 자기 인식이 높아져 우리에게 주어진 24시간의 매 순간에 진심으로 임하고 목표를 향해 갈 수 있을 것이다.

할 수 있다는 확신과 하고 싶다는 마음의 시너지

매니저 직급으로 일을 처음 시작했을 때 내가 맡은 업무 중 하나는 사내 미팅을 주관하고 진행하는 것이었다. 세일즈 관련 업계에서 늘 그렇듯 이런 미팅은 결국 재정에 초점이 맞춰져 있다. 이전 회사에서 영업직에 있었을 때도 포맷이 늘 같았고 중점적으로 보는 것도 늘 같았다.

'어떻게 매출을 높일 수 있을까?'
'직원의 생산성이 높은가?'
'어떻게 우리 팀의 생산성을 지금보다 더 제고할까?'

다행히 새 업무를 시작할 때 나는 이런 방법으로 일하고 싶지 않다는 것을 알았다. 여느 매니저들처럼 그런 식으로 일하고 싶지 않았다. 회사가 기대하는 것이 무엇인지 잘 알고 있었지만 다른 방식으로 일하고 싶었다. 나는 팀의 성공이 단순히 숫자가 아닌 그 이상의 것에 달려 있다고 믿었다. 정말로 리더십을 보여 주고 팀을 지원하고 싶다면 교육할 수 있는 툴과 자원을 공급하고 팀원들에게 영감을 줘야 했다.

나는 기술 습득을 위한 수업과 이벤트 기회를 늘려 달라고 제안했다. 나는 강하고 의욕이 높은 팀의 일부가 되고 싶었고, 그래서 팀원 모두가 업무를 하면서 진심으로 가치를 추구

할 수 있는 장을 마련하고자 했다.

하지만 모든 것이 순조롭지는 않았다. 이 제안이 '여성 책임자'로부터 나온 아이디어라는 사실은 도움이 되지 않았다. 당신의 예상처럼 많은 반발과 비난을 받았다. 하지만 나는 스스로에게 충실했고 내 전략에 믿음이 있었다. 내 의도들은 좋은 의도였다. 내 경험들이 나를 이끌었고 머릿속에는 큰 그림이 그려져 있었다. 처음부터 순조로웠던 것은 아니지만 그래도 효과가 있었다.

이미 있는 아이디어를 갖고 괜히 시간 낭비하는 것이 아니었다. 내가 다른 사람들보다 잘 안다고 생각한 것도 아니었다. 핵심은 내 직관을 믿고 필요하다면 위험을 감수할 수 있을 때 내가 맡은 역할을 성공적으로 이행할 수 있다는 사실을 알았다는 점이다.

무엇이 나로부터 동떨어진 삶을 살게 하는가

유명한 베스트셀러 작가이자 연구 교수인 브레네 브라운은 더 중요해 보이는 다른 이슈들 때문에 진정성 같은 문제를 등한시해도 된다고 생각하는 사람들에게 "단단히 착각하고 있다"라고 경고한 바 있다. 진정성은 자신의 기초를 세우는 데 중요한 부분을 차지한다. 내게 일상에서 하는 모든 일의 기초가 되는 진정성이 없다면 나는 과연 누구의 인생을 살고 있는 것인가? 궁극적으로 무엇을 지향하는 것인가? 내가 하는 일에 목표 의식이 없다면 이것이 다 무슨 소용인가?

누구나 그렇듯이 나 역시 한 번뿐인 인생을 살고 있다. 다른 누군가의 이상을 살기 위해 혹은 다른 이의 꿈을 좇거나 필요를 충족시키기 위해 내 삶을 낭비하고 싶지 않다. 만약 그렇게 살아야 한다면 기력이 달리고 내 자신의 필요를 전혀 충족하지 못할 것이다.

그렇다면 자기표현과 개성을 그 어느 때보다도 강조하는 요즘, 진정성 있는 삶을 사는 것이 왜 이리 어려울까? 왜 우리는 본연의 모습과 목적으로부터 동떨어진 삶을 살까?

어른다움을 얻고 내면의 목소리를 잃다

전문가들은 이에 대한 원인을 어린 시절에서 찾을 것이다. 현재 길을 잃었다고 느끼는 이유를 알기 위해서는 가끔 과거로 거슬러 올라가 오래된 기억을 꺼내야 할 때가 있다. 어느 누구도 신경 쓰지 않고 주변 상황을 모두 무시한 채 무엇보다 자신의 이득만을 우선시했던 때의 기억 말이다. 나이는 지금보다 훨씬 어렸지만 잠재의식에 대한 의식은 그 무엇보다 컸다. 이 시기는 어른다움의 영향을 받기 전이었다. 사회적 규범과 사회적 기대에 조종되기 전이었다. 걱정 근심 없는 진정한 자아가 서서히 사라지기 전이었다.

시간이 지나면서 당신은 어떤 결정을 하는지, 무슨 선택에 관심이 있는지에 지대한 영향을 주는 행동 보상 체계를 강화하게 된다. 마음의 소리를 듣고 그에 따라 행동하는 대신 바깥세상의 의견을 먼저 듣는다. 어떤 결정을 해야 당신이 우러러보는 사람들을 기쁘게 할 수 있을지 생각하고 가족이나 실권자에게 동의를 구하면서 말이다. 결국 당신이 원하는 것과 필요한 것이 무엇인지에 대해 생각하는 일은 아예 중단하게 된다. 어른이 되면서 당신의 인생에서 '진짜 나'는 사라졌다.

타인의 요구와 필요를 고려하는 것이 나쁘다는 말이 아니다. 이것은 지금의 당신이 있을 수 있게 도와줬고 당신에게 절제력과 책임감, 이타심, 공감 능력 등 많은 것을 가르쳐 줬다. 하지만 좋은 점이 있으면 나쁜 점도 있기 마련이다. 어른이 돼 가던 그 시기는 동시에 내면의 작은 목소리를 듣지 않는 습관을 기르는 시기이기도 했다. 대신 다른 사람들의 요구와 필요를 받아들이기 시작했다. 시간이 흘러 당신은 성장했고 내면의 작은 목소리는 마치 흐릿해지는 전구처럼 점점 사라져 잠재의식 속 어딘가에 길을 잃은 채 남겨졌다.

한계에 얼마만큼의 힘을 부여하는가

학창 시절을 떠올려 보면 나는 늘 형제들과 비교됐던 것 같다. 호기심 많고 용감했던 아이는 학교, 교회, 사회에서의 성 고정 관념처럼 사방에서 침입하는 영향과 의견에 잠식되기 시작했다. 비교당하는 상황을 내면화하다 보니 점점 자신감을 잃었다. 내 능력에 대한 바깥세상의 평가를 믿기 시작했고, 사회가 나는 할 수 없다고 판단한 것들로부터 격리된 채 벽에 가로막혔다.

많은 사람 중에서도 특히 내 지도 교사가 기억난다. 그 사람은 학업을 지속하려는 나를 말리고 대신 좀 더 '가정적인' 길로 선도했다. 세상은 마치 내가 군말 말고 다른 사람들처럼 살며 내 자리에 가만히 있기를 바라는 것 같았다. 주위의 모든 상황이 '그냥 그렇게 적당히 살라'고 말하는 것 같았다. 다른 사람이 내 주위로 쌓아 올린 장벽들, 나를 그렇게나 불행하게 했던 장벽들이 내가 허락하지 않는 한 아무 힘도 발휘하지 못한다는 사실을 이해하기까지 많은 시간이 걸렸다.

코끼리와 밧줄에 대한 이야기가 떠오른다. 하루는 한 남자가 코끼리 무리가 지나가는 모습을 봤다. 가만히 보니 코끼리의 앞다리에는 아주 가느다란 밧줄이 묶여 있었다. 몸집이 크고 힘이 센 코끼리들이 단단한 사슬에 묶여 있거나 창살 있는 우리에 갇혀 있지 않은 것이 의아해 그가 조련사에게 물었다.

어째서 코끼리들이 탈출하려고 하지 않느냐고 물었더니 조련
사는 코끼리들이 지금보다 훨씬 몸집이 작고 어렸을 때는 그
밧줄로도 충분히 가둘 수 있었다고 대답했다. 그때부터 코끼
리들은 탈출하려는 시도를 아예 하지 않았으며 지금까지도
그 밧줄로 충분히 가둘 수 있다는 것이었다.

우리가 자신에게 설정하는 한계는 우리가 부여하는 만큼의
힘을 가진다. 무언가가 우리의 전진을 방해한다고 해도 그 영
향력은 영원하지 않다. 우리가 그렇게 내버려 두지 않는 한
말이다. 자신이 누구인지 알고 마음먹은 것을 뭐든지 할 수
있다는 사실을 인지한다면 우리는 충만한 삶을 살 수 있다.
결국 자기만큼 자신을 잘 아는 사람은 없다. 우리의 의도들이
실현 가능한 것이라는 사실을 확실히 아는 것과 마찬가지로
진정성을 일상의 습관에 적용해 우리가 설정하는 한계들도
현실성 있는 것이라는 사실을 확인할 필요가 있다. 자기 인식
을 연습해야 한다.

'왜 안 될까'보다 '무엇을 해야 할까'

심리학자이자 연구자이며 〈뉴욕타임스〉의 베스트셀러 저

자이기도 한 타샤 유리크의 TED 강연이 생각난다. 17분이 조금 넘는 이 강연의 조회 수는 200만이 넘었고 지금도 계속 늘어나고 있다. 그녀의 강연을 한 문장으로 요약하면 이렇다.

"'왜' 대신 '무엇'으로 질문해라.'

자기 인식에 대한 이해를 넓히기 위해 타샤 유리크와 연구진은 정확한 자기 인식을 가진 사람들과 단순히 자기 인식을 가졌다고 '믿는' 사람들을 구분하는 연구를 했다. 이 두 그룹을 구분 짓는 단서는 한 단어를 다른 단어로 바꾸는 것에 있었다. 대부분의 사람은 '왜'라고 질문하며 그때마다 부정적으로 답변해 부정적인 측면으로 마음이 기우는 경향이 있다.

'왜 나야?'
'왜 나는 늘 이렇게 행동할까?'
'왜 그 사람은 나를 사랑하지 않을까?'
'왜 승진하지 못했을까?'
'왜 그 사람은 거짓말을 했을까?'
'왜 나는 그 자리에 안 맞는 걸까?'

'왜'라고 질문하며 우리는 납득할 수 없는 답변을 찾고 패배

감과 좌절감을 느낀다. 그런가 하면 때로는 그 답변이 마음에 들지 않아 과도한 상상력을 발휘해 허구의 탈을 쓴 사실, '대안적 사실'로 우리 자신을 정당화한다. 어떠한 책임을 지지 않아도 되는 답을 택한다는 의미이기도 하다. 눈앞에 놓인 답들이 마음에 들지 않으면 책임을 떠넘기고 자신이 피해자라고 생각하며 빠져나올 수 없는 굴레에 갇힌다. 어떤 방식이든 결론은 같다. 옳지 않은 질문을 하면 거기에 대한 답 또한 결코 당신에게 도움이 되지 않는다. 대신 '무엇'을 해야 상황을 바꿀 수 있는지 물어보는 것은 어떨까?

'이번 승진을 얼마나 기대했는지 보여 주기 위해 무엇을 할 수 있었을까?'
'앞으로 기회가 찾아올 때 눈에 띄기 위해서는 무엇을 할 수 있을까?'

'무엇'으로 질문을 바꾸면 건설적이고 실행 가능한 답들에 접근이 가능하고 책임을 질 수도 있다.

고집 센 12세 소녀의 건설적인 질문

내가 처음으로 '왜'에서 '무엇'으로 질문 방식을 바꾼 것은 12세 때였다. 여드름이라는 청천벽력 같은 일이 내게 생긴 것이다. 아기같이 부드러웠던 얼굴이 갑자기 통증을 동반한 붉은 여드름으로 뒤덮였다. 이민자 집안 출신에다가 이미 아웃사이더 생활을 하던 내게 사춘기를 앞두고 찾아온 여드름은 충격 그 자체였다. 이미 다른 문제들로 차고 넘치는 내 삶에 여드름은 초대하지 않은 손님이었다. 그 시절 '왜 나야?'라고 질문하며 많은 시간을 보냈다. 아무리 불평하고 문제를 제기해도 결국 해결되는 것이 아무것도 없다는 사실을 깨닫기 전까지 말이다.

문제를 해결하기 위해 '무엇'을 할 수 있는지를 먼저 이해해야 했다. 해결책을 찾기 위해 나는 전화번호부에서 동네에 있는 피부과를 찾아 버스를 타고 진료를 받으러 갔다. 테트라시클린 처방과 함께 레이저 치료를 권유받았다. 거기까지는 괜찮았다. 그런데 또 다른 문제가 기다리고 있었다. 치료를 받으려면 비용이 드는데 내게는 돈이 없었다. 그렇다면 '무엇'을 해야 할까?

답은 일자리를 구하는 것이었다. 나는 동네의 작은 음식점에서 아르바이트를 시작했다. 시간당 겨우 95센트를 받았다. 근무 시간을 충실히 채우는 것은 물론 기회가 생기면 열심히 대타도 뛰었다. 그렇게 나는 필요한 돈을 모았다.

내가 원하는 것은 여드름을 없애는 것이었다. 여드름은 나쁜 것이 아니라거나 그것 또한 성장하는 과정의 일부라거나 하는 주위 사람들의 말을 듣는 대신 나는 행동을 개시하고 문제 해결에 나섰다. 티끌 한 점 없는 피부를 되찾으려는 내 기대는 실현 가능한 것이었다. 적어도 내가 느끼기에는 그랬다. 그리고 질문을 '왜'에서 '무엇'으로 바꿈으로써 나는 문제를 해결하는 방향으로 나아갔다. 이 경험은 내 자립심에 원동력을 불어넣었다. 자신이 필요하다고 느끼는 것에 대한 가치를 심는 계기를 제공했다.

그 어린 나이에 단순히 소용없다고 생각하며 어떻게든 그 과정을 지나갈 수 있었을지도 모른다. 하지만 나는 행복하지 않았고 문제 제기를 해야 한다고 생각했다. 자신에게 솔직하다면 중요한 문제 혹은 덜 중요한 문제 같은 것은 없다. 좌절해 해결책을 찾으려고 고군분투했던 그때의 모습을 떠올리면 미소를 짓게 된다. 그리고 내 인생에 어떠한 장애물도 허락하지 않겠다는 그때 그 시절 고집 센 소녀에게 자부심을 느낀다.

누가 뭐래도 자기 입장을 고수하던 어린 시절의 한 장면을 누구나 하나쯤 간직하고 있을 것이다. 또는 마음과는 달리 자신에게 솔직해질 기회를 놓쳐 다시 그 시절로 돌아가면 다른 결정을 하고 싶다고 생각하는 순간도 있을 것이다. 그때 느꼈던 것이 작은 승리감이었든 후회였든 그 감정을 기억해서 진정성이 필요할 때 꺼내 써라. 당신에게 무한한 용기를 주는

기억일 수도 있고 지금까지 이룬 성과와 당신의 가치를 상기
시키는 기억일 수도 있다. 이를 일상의 습관을 강화하는 데
이용해라.

솔직함이 주는
혜택

완벽함이라는 환상을 깨다

지금까지 진정성의 내적 장애물에 대해 얘기했다. 그런데
현실에는 외적 장애물도 있다. 생각해 봐라. 오늘날 우리는
광고부터 소셜 미디어까지 철저히 비현실적인 이상이 쏟아지
는 세상에 살고 있다.

실현 불가능한 물리적 표상부터 감성적인 기준들까지 우리
의 진짜 모습에 대해 다시금 생각하게 하는 콘텐츠는 차고 넘
친다. 우리는 자기 인식에 둔한 상태에서 화려한 라이프 스타
일이 재현되며 반짝반짝 빛이 나는 '완벽함'이라는 표상을 본
다. 그 후 자신의 생활을 들여다보면 주눅이 들고 남들보다
뒤쳐져 있다고 느낀다. 다른 사람들은 모두 저만치 앞서 나가
각자의 일을 하며 멋있게 사는 것처럼 보인다. 자신의 속도와
방향에 문제가 있는 것은 아닌지 의심하게 된다. 그러다 보면

자신의 핵심 가치와 삶의 목표와 의미를 위해 지금까지 했던 모든 노력으로부터 멀어지는 느낌이 든다. 스스로에게 솔직하려고 했던 노력이 자연스레 무너진다.

습관적인 진정성은 내면을 들여다보고 깊숙한 곳에 숨겨진 작은 목소리를 듣기 위해 소음을 없애는 법을 충분히 배워야만 가능하다. 말끔히 걸러진 이미지와 이상들, 끊이지 않는 자기 회의, 바깥세상의 의견 등 이 모든 것을 신경에 거슬릴 정도로 시끄럽게 울려 대는 잠재적인 드럼이라고 여길 필요가 있다. 그리고 이것들에 신경을 끄고 우리 내면의 목소리를 들을 수 있어야 한다.

미셸 오바마는 이렇게 말했다.

"자신을 남에게 알리고 들려주는 것, 자신만의 이야기를 갖는 것, 자신만의 목소리로 말하는 것은 그 자체로 힘이 된다. 그리고 기꺼이 남들을 알고 이야기를 듣고자 하는 것은 고귀한 일이다."

진정성은 인생을 바꿀 수 있으며 그 혜택은 넓게 퍼진다. 진심을 다하면 의사소통이 더 수월해지고 신뢰를 얻을 것이다. 결단을 내릴 때 좀 더 편안해지며 맞닥뜨리는 도전들을 수용할 수 있게 될 것이다. 그만큼 성장한 자아감 덕분에 내

면에 갈등이 있을 시 본능과 마음이 하는 소리에 귀 기울이며 좀 더 수월하게 해결할 수 있을 것이다. 당신이 모든 것을 다 할 수는 없다는 사실을 겸허히 인정할 수 있을 것이다. 당신이 아무리 노력하고 아무리 좋은 의도를 가져도 모든 것을 다 할 수는 없다. 목표를 이루고 기분이 최고로 좋은 날에도 나는 가족과 비즈니스가 잘 굴러가게 하는 많은 요소 중 아주 작은 일부에 지나지 않는다.

신뢰를 구축하다

명심해야 할 한 가지가 있다. 진심으로 산다는 것이 경계를 지키지 않거나 개인 공간과 안녕을 최우선에 두지 않아도 된다는 뜻은 아니다. 필요 이상으로 진실만을 고집하거나 당신의 계획을 아무에게나 드러내야 한다는 뜻도 아니다. 진심으로 사는 것은 투명성을 염두에 두는 것을 의미한다.

예전에는 투명성이 비즈니스 세계에서 단점이나 약점으로 간주되고는 했지만 지금은 다르다. 2013 에델만 신뢰도 지표 조사를 통해 충격적인 사실이 밝혀졌다. 82퍼센트의 직장인이 기업주와 자신의 관계를 신뢰하지 않는다는 내용이었다. 다행히 요즘은 직장에서의 투명성과 신뢰 구축이 중요하게 인식되는 추세로, 많은 사람이 진정성을 발휘하기 위해 노력한다.

나는 직장에서의 투명성에 대해 아주 진지하게 생각한다. 내가 모든 비즈니스 관계와 거래에서 진정성을 다하고 있음을 모두가 알기를 바란다. 우리 회사의 정문으로 들어오면 내 말이 사실이라는 것을 바로 알아차릴 수 있다. 내 사무실은 건물 꼭대기에 꼭꼭 숨겨져 있지 않다. 행정과 안내 데스크의 바로 맞은편에 있다. 어디서나 볼 수 있는 그 자리가 바로 내 자리다. 바닥부터 천장, 유리문까지 우리 회사의 개방형 콘셉트 디자인에는 투명성에 대한 내 아이디어가 반영돼 있다. 내가 자처한 투명 어항이다. 이보다 더 좋은 방법이 있을까?

내가 발견한 진정성의 또 다른 놀라운 혜택은 전염성이다. 진정성 있는 삶을 살면 비슷한 생각을 가진 사람들을 당신의 영향권으로 끌어들이게 된다. 안이 훤히 보이는 통유리 사무실에서 일하는 내 모습을 보면 사람들도 그렇게 한다.

일적으로 볼 때 진정성은 당신이 상상하는 것 이상으로 장점으로 작용할 수 있다. 자신에게 솔직하면 투명성과 정직함에서 좋은 평을 얻게 되는데 이는 사람들이 당신에게 조언과 방향을 구할 때 큰 도움으로 작용한다. 사람들은 내가 리더로서 솔직한 피드백을 줄 것이라고 믿을 수 있다. 나는 직장에서 가졌으면 하는 가치를 강화하며 직원들에게 자신감 있게 모범을 보인다.

질문하고
답을 들어라

나는 하루 종일 습관적으로 자신에 대해 체크한다. 한계에 다다랐다는 느낌이 들면 하던 일을 멈추고 평가하는 시간을 가진다.

'나는 진정성 있게 지금 이 순간을 대하고 있는가? 아니면 지금 주위에서 벌어지는 일에 대한 진짜 감정을 숨기려 하는가? 여기서 내 의도는 무엇인가?'

그저 질문하는 것에서 그치지 마라. 답을 들어라. 나는 내 직감을 믿고 본능이 나를 안내하게 한다. 내가 하는 모든 결정과 행동은 나다울 필요가 있다. 성급하게 결정을 내려서는 안 된다. 잠깐 시간을 내 당신이 어떻게 받아들이고 있는지를 확인할 수 있어야 한다. 자신의 상태를 확인할 시간 없이 답을 빨리 찾아야 한다는 부담감을 느낀다면 이를 경고 신호로 받아들이고 왜 그러는지 질문해야 한다. 이는 내가 새롭게 무언가를 결정해야 하거나 새로운 기회를 마주할 때마다 하는 일이다. 내 상태를 확인하고 본능이 하는 얘기를 듣는다. 당신이 스스로에게 솔직해질 수 있도록 자신을 믿어라.

자, 오늘부터 새로운 습관이 하나 더 생겼다.

기적이 일상이 되는 순간

하루 동안 당신이 한 행동과 결정들이 자신이 추구하는 진정한 의도, 신념, 가치, 성격에 부합하는지 평가해라. 이 습관을 실천하면 당신의 하루가 조금 더 원활하게 흘러갈 것이라고 확신한다. 당신의 주변 사람들은 업무를 더 잘하게 될 것이다. 당신은 최종 목표에 하루 더 가까이 다가간 당신을 발견하게 될 것이다. 진짜 당신이 아닌 채로 또 다른 24시간을 허비하지 마라. 날 믿어라. 장담하건대 당신이 누구인지에 대해 아는 채로 하루를 시작하는 것보다 더 기분 좋은 것은 없다.

06

멀리 바라보며
조금씩 도전하라

·

과정을 조각내기

장애물이 당신을 멈추게 해서는 안 된다.

벽을 마주쳤다고 돌아서며 포기하지 마라.

어떻게 그것을 넘어갈지, 뚫고 갈지, 둘러 갈지 고민해라.

마이클 조던(전 농구 선수)

몇 년 전 여름, 온타리오주 북부의 시골 별장에서 가족과 주말을 보낼 때였다. 그곳에서 보내는 여름은 내게 참으로 성스러운 시간이다. 자식들, 손주들과 함께 시간을 보내고 주변 자연의 평온함과 아름다움을 만끽할 수 있다. 그곳은 온 가족이 모이는 장소가 됐다. 나는 우리 집 강아지와 산책을 하기 위해 해변에 가려던 참이었다. 딸도 목줄을 한 본인의 개를 데리고 함께했다. 다른 것들은 생각하지 않고 방해 없이 현재에 정신을 쏟고 집중할 목적으로 딸과 나는 휴대폰을 갖고 가지 않기로 했다. 물통과 에너지 넘치는 각자의 개를 데리고 산책을 나섰다.

우리는 맨발로 해변을 걸으며 발바닥으로 부드러운 모래의 촉감을 느꼈다. 밀물과 썰물이 발 아래로 들어왔다 나갔다. 이웃들 대부분이 이미 바다로 나갔거나 숙소에서 하루를 준비하는 오전 시간이었다. 우리는 바닷가를 걸으며 점점 숙소와 멀어졌다. 그런데 갑자기 딸의 강아지가 흥분을 하더니 우리 사이를 가로지르며 질주하는 것이 아닌가. 나는 균형을 잃고 빙그르르 돌았고 어정쩡하게 쓰러졌다. 넘어질 때 엉덩이에 압력이 느껴졌다. 그다음 눈앞이 하얘질 정도로 엄청난 통증을 경험했다. 견딜 수 없었다. 머리가 핑 돌았다.

공포에 질린 딸아이는 도움이 필요한 상황이라는 것을 단번에 알았다. 그런데 우리는 휴대폰을 두고 나오지 않았던가. 딸은 해변을 막무가내로 휘저으며 휴대폰이 있는 사람을 찾아다녔다. 몇 번의 실패 끝에 마침내 휴대폰을 든 사람을 찾았다. 폴더 폰이지만 괜찮을 것이었다. 딸은 숙소에 있는 사위에게 전화를 걸며 내게 황급히 달려왔다. 모르는 번호라고 전화를 안 받을까 봐 걱정했지만 다행히 사위는 전화를 받고 곧바로 차를 타고 왔다. 그때까지도 통증이 너무 심해서 기절할 것 같았다. 자식들의 도움으로 숙소에 무사히 돌아왔다. 근육이 결린 것이거나 인대가 늘어난 것이기를 바랐다.

다음 날 엑스레이를 찍은 결과 넘어지면서 엉덩이에 가는 선 골절이 생긴 것으로 밝혀졌다. 최소 몇 주는 자유롭게 움직일 수 없었다. 시간이 지나 자연스럽게 회복되려면 정말 조심해야 할 뿐 아니라 인내심을 갖고 회복에 신경 써야 했다.

며칠 후 집으로 돌아와 침대에서 꼼짝 않고 쉬는데 마치 내가 화분에 심긴 식물같이 느껴졌다. 나는 본래 활동적인 사람이다. 잘 때 빼고는 항상 뭔가를 하느라 바쁘다. 잠시라도 뭔가를 하지 못하거나 움직이지 못한다는 생각만 해도 힘들었다. 회복을 심각하게 받아들여야 한다는 사실은 알고 있었다. 빠른 최적의 회복을 위해서만은 아니었다. 섣불리 몸을 움직였다가는 더 심각한 상황이 발생할 수도 있었다. 그래서 조바심 내지 않고 차근차근 나아가야 했다.

두 발로 화장실에 걸어가기까지

그래서 첫 번째 도전이 무엇이었냐고? 침대에서 화장실까지 혼자 가기였다. 부상을 입은 쪽에는 아직 전혀 무게를 실을 수 없었고 목발을 사용하기에는 너무 일렀다. 병원에서는 향후 몇 주에 걸쳐 조금씩 다시 움직일 수 있게 되면 목발과 아주 친해질 것이라고 했다. 나를 온전히 지탱하는 동시에 다른 사람의 도움 없이 화장실에 혼자 가게 해 줄 무언가가 필요했다. 좋은 생각이 떠올랐다. 지원군이 필요했다. 바로 의자였다. 아주 많은 의자 말이다.

이제 내 방에는 침대와 화장실을 이어 주는 여덟 개의 의자가 놓였다. 마치 콘퍼런스가 개최되고 있는 것 같았다. 손님 없는 콘퍼런스지만 상관없었다. 하루는 아버지가 집에 다녀갔는데 딸이 정신 나간 것이 아니라고 설명해야 했다.

이 의자 기차는 내가 어느 정도 자립할 수 있게 도와줬고 덕분에 혼자 화장실까지 갈 수 있었다. 의자 기차에 어느 정도 정착할 수 있을 때까지 연습에 연습을 거듭했다. 발을 끌며 침대에서 각각의 의자로, 그리고 화장실로 가면서 A 지점에서 B 지점까지의 여정을 아주 조심스럽게 준비할 수 있게 됐다. 의자의 등받이에 의지해 몸의 무게를 이쪽에서 저쪽으로 옮기는 과정을 반복했다.

며칠 후에는 계단에서 이동하는 방법도 익혔다. 물론 아직 계단을 걸어 내려가는 것은 무리였다. 그래서 기차의 길이를 연장해 의자를 계단 앞까지 놨다. 아기가 난생처음 계단을 내

려갈 때의 모습에서 아이디어를 얻어 엉덩이로 계단 하나하나를 미끄러져 내려갔다. 통로용 카펫과 손이 잘 닿는 곳에 있는 단단한 손잡이는 너무 고마운 존재였다.

한 가지 덧붙이자면 나는 결코 물리 치료에 밝은 사람도 아니고 특별한 재활 계획을 짠 것도 아니었다. 하나 확실히 알고 있었던 것은 단지 꼼짝 못 하거나 더 최악으로는 움직일 때마다 시도 때도 없이 다른 사람에게 의존해야 하는 상황은 만들지 않겠다는 것이었다. 문제에 직면할 때면 나는 해결책을 찾기 위해 늘 하던 대로 A 지점에서 B 지점으로 가기 위해 내가 할 수 있는 최고의 길을 구상했다. 평소와 다른 점이 있다면 이번에는 길을 구상하기 위해 의자를 사용했다는 점이었다.

당초 병원에서는 회복하는 데 몇 개월이 걸릴 것이라고 했다. 호전 경과에 따라 늘 조심하면서도 나는 이전의 루틴으로 다시 돌아가고 싶은 마음이 컸다. 매일 한 걸음 한 걸음씩 떼면서 새로운 장애물을 무너뜨리고 도전 과제를 해결하면서 점점 의자들을 치우고 목발을 벗어던졌다. 6주 만에 러닝 머신에도 다시 올랐다. 경주하려는 것은 아니었다. 나는 몸이 하는 말을 듣고 신체의 완벽한 회복이라는 최종 목표에 집중했다.

또 하나 배운 것이 있다면 해변을 산책할 때 반드시 둘 중한 사람은 휴대폰을 챙겨야 한다는 것이었다. 강아지들이 서로 추격전을 벌이는 상황에 폴더 폰을 사용하는 그 친절한 사람이 없을 경우를 대비해서 말이다.

문제를 해결한다는 것은 때로 자신을 믿어야 함을 뜻한다. 각 단계에서의 실행을 신뢰하기 위해서 당신의 비전을 믿는다는 의미이며, 때로는 말 그대로 처음부터 다시 시작해야 한다는 뜻이다.

최종 목표로 향하는 단계별 행동 계획

다른 이야기를 하나 하겠다. 영가(Yonge Street)에 우리 본사가 어떻게 자리 잡게 됐는지에 대한 이야기다. 나는 예전에 일했던 곳 가까이에 언젠가 새 사무실을 짓겠다는 목표를 갖고 있었다. 마침 사무실 임대 계약이 갱신될 계획이라 그때만큼 좋은 타이밍이 없었다. 사용하던 사무실은 우리의 니즈를 충족하기에 역부족이었다. 공간을 조금씩 바꿔 어떻게든 개선하려 했지만 미래를 생각하면 지속 가능하지 않다는 결론이 나왔다. 시간이 지나면서 임대료가 오를 것도 알았다.

내 소유의 건물이 있으면 비즈니스에 대한 니즈를 반영하고 공간을 사용하는 데 통제권을 가질 수 있을 것이었다. 근처에 사무실을 열면 이는 곧 내 비즈니스의 미래에 중요한 역할을 할 것이라는 사실도 알았다. 행동을 취할 때였다. 그렇다고 쉬울 것이라는 의미는 아니었다.

토지 소유자의 토지 매매가 예정됐을 때 나는 3년 만기 벤더 회수 모기지를 협상할 준비가 돼 있었다. 건물을 올릴 토지가 이미 준비돼 있었기 때문에 토지의 용도 변경을 추진하는 동안 나는 벤더 회수금을 지불할 자금을 은행으로부터 확보할 수 있었다. 주어진 시간 안에 필요한 승인을 모두 받아야 해서 당연히 압박감이 있었다. 걱정이 많았지만 성사되리라는 확신이 있었다. 3년이라는 시간은 충분해 보였다. 매수한 토지가 상업가에 위치하고 상업적인 목적의 비즈니스와 건물이 주변에 많다는 것을 알았기 때문에 내게는 어렵지 않은 결정이었다. 이제 일은 벌어졌고 내 최종 목표에 점점 가까이 가고 있다고 느껴졌다.

그런데 어이없는 곳에서 복병을 만났다. 전혀 예상할 수 없었던 장애물이었는데, 바로 지역 사회와 그 대표들의 반대였다. 그들 눈에 나는 녹지 공간을 잠식해 콘크리트 숲을 만들려는 거대한 몸집의 사악한 사업가였다. 말도 안 된다. 영가는 이미 쇼핑센터며 주유소며 다양한 상가들이 들어서며 개발과 성장으로 확장이 한창이었다. 게다가 내가 토지의 용도 지역 설정 허가를 받으려는 건물보다 규모가 훨씬 더 컸다. 내 계획과 의도는 지역 사회의 성장에 기여하는 것이지 지역 사회에 해가 되는 것은 아니었다. 결국 3년이 지나도록 토지의 용도 지역 설정 승인은 나지 않았다. '불운은 한꺼번에 닥친다'는 말이 들어맞는 상황이었다.

토지 소유인은 이제 곧 있을 3년이 되는 날에 맞춰 매수금을 지불하기를 원했다. 현재 사무실의 임대차 만료일은 코앞이었고 건물주는 5년 임대 재계약을 하지 않을 것이면 나가라고 했다. 그때까지 나는 도시 계획가와 변호사 고용, 실태 조사, 현장 조사, 공사에 수십만 달러를 투자한 상태였다.

나는 여전히 그 토지와 내 비즈니스에 대한 비전을 믿고 있었다. 이 프로젝트가 그만큼 투자할 가치가 있다는 믿음에 변함이 없었다. 그런데 갑자기 내 주변에 커다란 벽이 생긴 것 같았고 토지 소유인과 건물 주인의 최후통첩에 정신을 못 차렸다. 압박감이 무엇인지 제대로 느끼고 있었다. 토지에 더해 내 비즈니스까지 단번에 잃을 위기에 처했다. 지체할 시간이 없었다. 빨리 행동해야 했다. 그래서 나는 행동 계획을 마련한 다음 한 번에 하나씩 실행할 수 있게 세분화했다.

첫 번째 행동 계획

첫 번째 단계는 토지 소유인과 거래하는 것이었다. 현재 내가 마주한 장애물과 문제점을 솔직하게 털어놓고 매수금 지불 기한의 연장을 부탁했다. 빌다시피했다고 말하는 것이 정확하겠다. 내게는 1년이라는 시간이 더 필요했다. 1년을 연장해 준다면 토지 소유인에게도 일종의 혜택이 될 보증금을 내겠다고 제안했다. 결국 이야기가 잘 됐다. 금액이 적지도 않았고 최고의 해결책도 아니었지만 내가 그렇게나 필요로 하던 시간을 벌 수 있게 됐다.

두 번째 행동 계획

두 번째 단계는 건물 주인과의 재계약이었다. 사무실 없이 일하는 것은 말이 안 됐다. 5년 재계약 외에는 다른 대안이 없었다. 하지만 나중에 제삼자에게 재임대를 하고 나는 새로운 건물로 이전하는 방법이 있었다. 이 방법이 결국 일에 지장받지 않고 현재 비즈니스를 계속 운영할 수 있는 유일한 방법이었다.

세 번째 행동 계획

세 번째 단계는 토지 용도 지역 설정 문제를 해결하는 것이었다. 도시 계획가를 만나 토지 매매를 반대하는 쪽이 우려하는 점에 대해 최대한 확신을 주고 승인을 받으려고 얼마나 열심히 일했는지 모른다. 그리고 정말 감사하게도 마침내 승인이 떨어졌다. 건물의 계획이 완성되고 공사가 시작되면서 모든 것이 착착 진행되기 시작했다.

새 건물이 들어서고 그 안이 채워지기까지 전체 프로젝트가 완성되는 데는 생각보다 아주 오랜 시간이 걸렸다. 하지만 내 꿈이 이뤄졌다. '당신이 만들어 놓으면 그들이 찾아온다'고 했던가.

출발선에서 결승선까지 가는 여정은 결코 평탄하지 않았다. 내가 감당하기에 너무 벅차다고 느낀 적 있었냐고? 정말 셀 수 없을 정도로 많았다. 내 계획이 완벽했냐고? 시간이 많이 걸렸고 스트레스도 많이 받았고 상상한 것보다 더 큰돈이 들어갔다. 하지만 그때도 지금처럼 이런 생각을 했다. 가끔은 나 자신과 내 비전을 믿고 모험을 해야 한다고 말이다.

더 나은 미래와 비즈니스, 더 나은 생활, 우리 가족의 재정 상황을 위한 투자였다. 최대한으로 쏟은 노력과 투자한 돈은 전부 그 값어치를 했다. 내 궁극적인 목표와 비전은 월세를 내는 대신 월세로 들어가는 돈을 건물 매수를 위해 쓰는것, 그리고 다른 사람의 모기지가 아닌 내 모기지를 지불하는 것이었다.

뇌는 하나에만 초점을 맞출 때 더 잘 기능한다

지금 당신의 인생에서 큰 프로젝트는 무엇인가? 중요한 인생 목표에서부터 직장에서 맡은 프로젝트나 개인적인 마감까지 당신 마음속 한 부분을 차지하는 중요한 것들의 리스트는 끊임없이 늘어나고 있다. 리스트의 항목이 너무 많아서 당신을 압도하기에 이르고 결국 삶의 혼란을 야기하는 지경까지 갈 수도 있다.

그렇다면 이것들을 작게 세분화해 보면 어떨까? 앞에서 세부 사항이 얼마나 중요한지 얘기했던 것 기억하는가? 어떨 때는 디테일이야말로 우리를 올바른 방향으로 순조롭게 데려가고 큰 그림을 잊지 않게 하는 유일한 요소다.

해결하지 못한 문제들 때문에 밤마다 잠 못 들고 뒤척이는가? 점점 다가오는 마감일과 외부의 압박 때문에 걱정하는가? 혼자서 그 일을 다 할 생각에 공포심에 사로잡히는가? 이 모든 할 일들은 순식간에 문제 덩어리가 된다. 불어날 대로 불어난 문제 덩어리는 우리가 선 맨 아래 지점에서는 절대 닿을 수 없다. 다행히 우리 목록에 빽빽이 적힌 큰 문제들을 해결하는 데는 공통분모가 있다. 바로 세분화 전략이 그 출발점이라는 것이다.

가끔 컴포트 존 밖에서 무언가를 처리해야 한다고 생각하면 시작부터 좌절감을 느낄 수 있다. 이 경우 우리는 그 일을 계속 미루다가 결국 최후의 순간에 직면하거나 스스로를 공포의 순간까지 밀어 넣는 방식을 택한다. 이 두 가지 접근 방법은 생산적이지도 건강하지도 않다. 업무 생산성 코치이자 연설가인 멜리사 그라티아스에 따르면 업무의 세분화가 우리를 목표에 더 가까이 갈 수 있게 만든다. 또한 미루거나 회피하는 습관을 줄이고 일을 시작하는 데 자신감을 심어 준다.

명심하기를 바란다. 이 세상에 '당신이 그저 시작도 해 볼 수 없는 것'은 없다. 무엇이 됐든 당신의 머릿속을 떠나지 않는 그 큰일을 일단 시작해서 눈앞에 그려 봐라. 그다음 뒤로 물러나 '여기서 중요한 것이 뭐지? 다른 방식으로 접근할 수 있을까?'라고 질문하며 상황을 파악해라. 당신의 업무를 세분화하고 최종 목표를 시작점으로 설정해서 역순으로 나아갈 단계를 하나씩 하나씩 만들어라. '어떻게 이것을 끝낼 수 있을까?' 하는 두려움 따위 모두 떨칠 수 있을 것이다.

그 후 계획을 세우는 첫 번째 단계로 갈 수 있다. 잠을 설치고 불안해하는 대신 당신의 에너지와 노력을 시각화 연습과 A 지점에서 B 지점까지 가기 위해 일을 작고 실행 가능한 단계로 세분화하는 작업에 쏟아라. 당신이 다음 단계로 얼마나 빠르고 순조롭게 넘어가는지 알게 되면 깜짝 놀랄 것이다.

계획 단계를 건너뛰고 싶을 수 있지만 나중에 돌아보면 이 과정에 시간을 투자한 자신에게 고마워질 것이다. 이유는 다음과 같다. 인생은 깜짝 이벤트로 가득하다. 우리의 정신은 어느 순간 가족과 일을 비롯한 여러 가지로 꽉 찬다.

미주리대학교의 교수 넬슨 코완은 기억 회상과 저장에 관한 연구들을 기반으로 한 논문을 썼다. 그에 따르면 일상에서 순간순간 일시적으로 처리되는 일이 우리의 작업 기억에 저장되며 작업 기억은 한 번에 3개에서 5개 정도의 정보만 성공적으로 저장할 수 있다. 이 작업에서 다른 작업으로 넘어갈 때 당신이 매일 이 작업 기억에 얼마나 의존하는지 이해하면 큰 규모의 프로젝트나 도전이 당신의 정신적 기억 장치를 얼마나 사정없이 파괴하는지 쉽게 알 수 있다.

문제를 맞닥뜨렸을 때 단계별로 해결하려는 접근이 효과적인 이유는 한 번에 하나에만 초점을 맞출 때 우리가 가장 잘 기능하기 때문이다. 그렇다고 해서 다른 모든 것에 대한 생각을 멈추라는 뜻이 아니다. 그것은 불가능하다. 생각과 신경은 계속 업무에 가 있고, 우리는 끝없이 돌아가는 책임이라는 생산 라인에 최선을 다해 대응하고 있기 때문이다. 문제는 우리가 큰일이라고 지정한 일들을 해결하려고 하면 갑자기 우리의 시스템이 무너지고 처리해야 할 업무와 사건들의 이면을 보기 힘들어진다는 데 있다.

일단 첫 단계만
성공하라

처리할 수 있게끔 여러 단계로 쪼개는 방법은 내가 일상에서 겪는 일들에도 도움이 됐다. 아이들이 10대였을 때 일과 양육을 병행하는 싱글 맘이었던 나는 자유 시간은 꿈도 못 꿨었다. 하지만 나는 몸을 움직이고 운동을 하면서 생활의 활력을 얻는 사람이었다. 힘을 얻는 것은 물론 스트레스도 해소했다. 그런데 가정과 일에 큰 변화를 겪었던 시기에는 헬스장에 갈 시간과 여유는 물론이고 등록할 돈도 여의치 않았다. 바쁜 하루 중에 헬스장에 갈 시간을 뺀다는 것은 상식적으로 이해하기 힘들었다. 헬스장 등록이라는 옵션은 내 상황에서 불가능했다.

그렇다면 활동적이고 건강한 습관을 다시 기르고 싶었던 내게 어떤 옵션이 가능했을까? 고민 끝에 나는 '헬스장에 갈수 없다면 헬스장을 데려오자'는 결론에 이르렀다.

자, 그러면 1단계. 러닝 머신이 필요했다. 비싸지 않아도 탄탄기만 하면 됐다. 나는 당시 우리가 살던 지하를 홈 짐으로 만들기로 했다. 필요한 것은 러닝 머신을 놓을 빈 공간뿐이었고 러닝 머신 자체는 그렇게 많은 자리를 차지하지 않았다. 기름값, 헬스장 등록비, 내가 집에 없는 동안 아이들을 봐 줄

베이비시터 비용을 고려하면 러닝 머신은 그만 한 값어치를 했고 여러 면에서 이 방법이 최고였다. 가장 중요한 것은 생활의 흐름을 깨지 않고 내가 가능한 시간에 운동을 할 수 있다는 점이었다.

나는 내게 무엇이 필요한지 알 수 있었다. 내 상황에 맞지 않는 헬스장이라는 옵션을 과감히 없애고 다른 방법을 구상해 그에 맞는 단계를 그릴 수 있었다. 원하는 러닝 머신을 구입하기 위해 일정 기간 돈을 준비했다. 마침내 소규모의 새로운 홈 짐을 마련했고 가족들과의 일상에서 시간을 쪼개 아침마다 운동할 수 있는 공간을 만들었다.

결과가 궁금하다고? 일상의 긍정적인 습관을 만들기 위해 취한 작은 단계들 덕분에 몸과 마음이 눈에 띄게 건강해졌고, 내게 필요했던 자기 돌봄의 시간을 가질 수 있었고, 아이들에게 매일 몸을 움직이고 건강한 생활을 최우선으로 하는 것의 중요함을 가르쳐 주게 됐다.

작고 실행 가능하게 세분화하면 당신의 삶에서 만나는 거의 모든 문제와 장애물을 쉽게 처리하거나 감당할 수 있다. 전체적인 그림을 봐라. 첫 번째로 무엇을 할 것인가? 모든 일을 즉시 세분화하는 것이 벅차다고 해도 걱정할 것 없다. 첫 단계만 해 보는 것이다. 해결책이나 전략을 바로 세우지 않아도 된다. 일상에서 만나는 작고 쉬운 허들부터 당신을 찾아오는 큰 장애물까지 한 걸음 뒤로 물러나 조각내는 습관을 길러라.

지금 닥친 장애물을 당장 해결할 수는 없을지도 모른다. 하지만 확실한 것은 문제가 무엇이든 당신은 해결할 첫 단계를 반드시 찾을 수 있다는 것이다. 내 경험에 비춰 보건대 첫 번째 단계를 통과하면 그다음 단계로 가는 길은 기가 막힐 정도로 쉽다.

우리는 프로젝트를 작게 세분화함으로써 명확하고 실행 가능하게 결승선으로 나아갈 수 있다. 각 단계마다 만족감을 얻고 동기를 부여할 수 있다. 이 작은 단계들이라 함은 오류를 포착했을 때, 예상치 않은 문제가 닥쳤을 때, 결승선을 향해 당신의 길을 성공적으로 찾아갈 때 만나게 되는 약간의 실수를 허용한다는 것을 의미하기도 한다.

이왕 하는 거 잘해 보는 것이다. 한 번에 잘한다면 더할 나위 없다. 큰 프로젝트뿐만 아니라 일상에서 우리가 하는 모든 일에 적용할 수 있다. 목표를 구체적이고 명확하게 세울수록 성공률은 더 높아진다. 아침에 일어나는 순간부터 잠자리에 드는 순간까지 다음 단계를 명확하게 머릿속으로 그리면 하루를 잘 보낼 수 있다. 우리 인생은 통제할 수 없는 일로 가득하다. 습관을 세분화해서 매일매일 최대한 단순히 사는 것은 어떨까? 하다못해 우리가 쉽게 만날 수 있는 골칫거리인 지저분한 집도 정리할 수 있는 일로 관점을 바꿀 수 있다. 침대 정리, 굴러다니는 옷 걸기 등 단계를 세밀하게 나누는 전략을 쓰면서 말이다.

이렇게 문제에 한 단계씩 접근하면 처음에는 사소한 집안일이었던 것이 시간이 지나 더 큰일이 될 수 있다는 사실을 알게 될 것이다. 다음 할 일이 주어지면 즐겁고 수월하게 일을 처리할 수 있을 것이다. 그리고 시간을 낭비하게 하고 중요하지 않은 디테일에 신경을 쓰게 하는 불필요한 요소를 제거하는 데 도움이 될 것이다. 소소한 성공을 몸으로 느끼면서 자신감이 높아지고 더 잘하고 싶은 마음이 생기면서 모멘텀을 유지한다는 생각에 더 활기차고 신이 나는 당신을 발견할 수도 있을 것이다. 단계별 업무를 완수할 때마다 걸어온 길을 되돌아보며 보람을 느끼고 앞으로의 길을 갈 힘을 얻을 수 있을 것이다.

삶의 충격 요법에 겁먹지 마라

미래의 사무실을 위해 토지를 매수하기로 결심했을 때 잘되리라는 보장 같은 것은 없었다. 탄탄한 계획, 목표를 이루기 위한 단계들을 짰지만 예상치 못한 일들이 일어났다. 늘 그랬듯이 말이다. 일이 진행되면서 나는 상황에 적응해야만 했다. 내 여정에서 수많은 우여곡절과 장애물을 만났지만 최종 목표는 변하지 않았다. 내게는 비전이 있었고 그것을 현실로 이루는 데 전념했다.

하지만 커리어 초창기에 내가 가졌던 모든 비전 중에서 아이들을 위해 가장 안정적이고 안전한 삶을 만들고 유지하는 것보다 더 중요한 것은 없었다. 무언가를 밑바닥에서부터 시작하기 위해 열심히 일하는 동시에 아이들에게 최고의 부모가 되기 위해 노력하는 것은 정말이지 여간 어려운 일이 아니었다

토지 거래 훨씬 이전에 부동산 중개 회사를 매수했을 때 나는 당시 '내가 있던 자리(세 아이를 키우는 싱글 맘, 더는 일을 늘릴 수 없는 상태)에서 내가 원하는 자리(아이들에게 안전한 삶을 만들어 주는 것, 독립적인 생활, 사업 번창)로 어떻게 갈 수 있을까' 하는 생각에 너무 버거워 어찌할 바를 몰랐다. 내 앞에 있는 길을 가는 것이 두려웠지만 포기라는 옵션은 내게 없었다. 그래서 어떻게 했냐고? 당신이 예상한 대로다. 작은 단계들로 세분화했다.

뒤로 한 발짝 물러나 큰 그림을 봤다. 부동산 중개 회사 오픈이라는 큰 그림 말이다. 그리고 이를 실현하기 위해 필요한

단계를 생각했다.

첫 번째 단계는 부동산 중개인으로서 책임감 있는 업무 수행을 위해 필요한 비즈니스 기술을 개발하는 것이었다. 두 번째 단계는 새로운 사업에 시간을 뺏겨 아이들과 보내는 시간에 지장을 주지 않도록 대책을 구하는 것이었다. 당시 세 아이 모두 10대였다. 나는 그 시기가 이제 곧 다가올 청소년 시기의 발판을 마련하는 중요한 때라는 사실을 알았다. 지도와 지지, 관심이 필요한 나이였다. 아이들은 이미 잘 자라 주고 있었지만 그들에게는 내가 자신들을 지켜보고 관심을 갖고 있다는 사실을 알 필요가 있었다. 나는 계속 고민했다.

'어떻게 하면 아이들의 생활로부터 너무 멀어지지 않으면서도 내 새로운 커리어에 집중할 수 있을까?'

새로 맡은 일을 하려면 시간과 에너지가 필요했다. 그런데 아이들은 더 많은 시간과 에너지를 필요로 했다. 둘 중 하나를 선택할 수 없었다. 그래서 둘 다 만족시키는 방법을 찾아야 했다. '어떻게 하면 두 가지를 다 할 수 있을까?'라는 생각이 머리를 떠나지 않았다. 그리고 마침내 해결책을 찾았다. 내가 할 수 있는 유일한 첫 단계가 있었다.

아이들을 회사에 데려가 함께 일하기로 했다. 그래서 세 번째 단계는 아이들을 위한 일자리를 만드는 것이었다. 이는 아이들이 스스로 자신이 성장할 수 있는 길을 발굴할 기회를 제공하면서 동시에 회사에도 도움이 됐다. 내가 이 새로운 비즈니스에 신뢰감을 가졌던 것처럼 아이들도 나와 동행하는 이 새로운 세계를 믿어 주기를 바랐다.

우리 두 딸은 안내 데스크에서 업무를 배웠고 아들은 청소를 했다. 내가 꿈을 향해 달리는 동안 아이들은 규범과 겸손, 열정을 배울 수 있었다. 집에서 내가 귀가하기만을 마냥 기다렸다면 배우지 못했을 가치들이었다. 처음에는 넘을 수 없는 산처럼 보였던 문제를 단계별로 세분화하고 시각을 달리하니 뜻밖의 좋은 결과로 변했다.

당신이 가진 문제들의 충격 요법에 겁먹지 마라. 인생은 원래 겁나는 것이고 당신 인생의 최고의 날은 컴포트 존 바로 밖에 놓여 있다. 어느 정도의 불편함은 감수할 준비를 하고 두려움을 예상해라. 그리고 그냥 전진해 보는 것이다. 준비됐는가?

기적이 일상이 되는 순간

하루 업무를 시각화해서 작은 단계로 세분화해라. 오늘 당신의 머릿속에 있는 할 일이나 큰 프로젝트를 생각해 봐라. 신상품을 개발하는 일일 수도, 옷장을 정리하는 일일 수도 있다. 무엇이 됐건 전체 계획이나 목표가 무엇인지 명확히 정하고 최종 결과를 그려 보는 것부터 시작해

라. 그다음 그곳에 다다르기 위해 당신이 밟아 나갈 단계를 정해라. 몇 번의 시도 끝에 나올 수도 있고 하루 이상이 걸릴 수도 있다. 그 정도면 충분하다. 일단 시작해라. 지금 당장. 당신은 잘 해낼 것이다!

07

안 된다고
말하라

·

나를 우선시하기

다른 사람들에게 "예스"라고 할 때

당신 자신에게 "노"라고 하지 않도록 해라.

파울로 코엘료(소설가)

맞다. 제대로 읽었다. 넘쳐 나는 동기 부여 책 사이에서 내 책은 당신에게 '노'라고 말하라고 한다. 이 말이 당신을 헷갈리게 할 수도 있다. 이유는 다음과 같다.

첫째, '노'는 언뜻 부정적으로 들린다.

둘째, '노라고 말하는 것은 기회를 부르는 습관과 행동으로 일상을 개선하려는 노력에 완전히 반하는 행동처럼 보인다.

셋째, 산 정상에 서서 "예스!"라고 외치는 것이 삶의 판도를 바꾸고 성공하는 비밀로 여겨지는 것이 사실 아닌가?

그렇다면 '노'는 과연 무슨 말일까? 지금부터 잘 들어라. 진심으로 일상을 바꾸고 싶다면 이 방법은 최대한 빨리 당신에게 필요해질 것이기 때문이다. 당신은 '노'라고 말해도 괜찮다. 아니 '노'라고 말해야 한다. '노'는 당신이 가진 도구다. 당신의 무기가 될 수도 있다. '노'가 당신의 슈퍼파워가 될 수 있다.

우리가 예스맨이 되는 이유

'노'가 가진 힘을 당신에게 보여 주기 전에 왜 우리가 '예스'라고 말하는지에 대해 먼저 말해 보자. 간단하다. 다른 사람들의 비위를 맞추기 위해서다. 우리를 좋아해 줄 것이기 때문이다. '예스'는 우리에게 의무 사항들을 쥐여 주고 타인의 기준에 자신을 맞추게 한다. 그리고 가끔은 우리 인생을 더 잘 통제할 수 있게 한다. '무언가를 제대로 하고 싶으면 당신 스스로 해야 한다'는 속담이 있다. 이는 왜 우리가 그렇게 자주 '예스'라고 말하는지에 단서를 주는 사고방식이다. 우리는 다른 사람들이 일을 망치지 않기를 바라고 내심 자신이 모든 것을 다 잘 해내는 사람이 되기를 바란다. '예스'는 우리를 완벽이라는 길로 이끄는 동력인 셈이다.

어떨 때는 다른 선택지가 없기 때문에 '예스'라고 말하기도 한다. 동료나 직원, 친구, 배우자, 아이들 등 당신의 도움이 필요한 사람이 도움을 요청하는데 이를 대신 할 수 있는 사람이 없으면 당신은 알겠다고 할 수밖에 없다.

그러면 우리가 '예스'라고 말하는 이유들에서 공통적으로 발견되는 가장 걱정스러운 요소는 무엇일까? 어느 상황에서도 당신의 이익을 생각하지 않는다는 점이다. 물론 다른 사람을 기쁘게 해 줌으로써 그들에게 호감을 사고 죄책감을 갖지 않아도 될지 모른다. 하지만 '예스'가 당신의 의도나 목적에 대한 직접적인 답을 가져다주지는 않는다. '예스'라고 말하는 이유는 모두 외부에서 온다.

예스맨의 결말

나는 오래전에 '노'라고 말하는 법을 배웠다. 평생 절대 잊을 수 없는 경험이다. 동료 중개인이 절망적인 얼굴로 내게 다가온 적이 있었다. 애원하는 눈빛으로 아내의 건강 상태가 심각해서 아내 곁에 있어야 한다고 설명했다. 가슴이 철렁했다. 동료와 그의 아내, 그의 가족, 즉 그 비극적인 사건으로 슬퍼할 모든 이를 생각하니 마음이 너무 안 좋았다.

이 어려운 시기에 그는 자금을 마련하기 위해 회사를 매매해야 했고 내게서 도움을 받을 수 있을 것이라고 생각했다. 내 머리는 '노'라고 말했지만 마음은 '예스'를 외쳤다. 고민에 빠진 나는 그에게 생각할 시간을 달라고 했다. 그는 일분일초가 급한 상황이며 자신을 도와줄 수 있는 사람은 나밖에 없다고 재촉했다.

그를 도와줄 수밖에 없었다. 그 상황에서 어느 누가 거절할 수 있을까? 물론 아주 큰 부탁이었다. 하지만 신중하게 고민할 시간이 충분하지 않았던 것이 사실이었다. 그것은 생사가 달린 문제였다. 당연히 여느 때와는 경우가 달랐고 예외적이었다. 게다가 그는 금융 쪽으로 빠삭한 사람이었기에 그가 제안한 재정의 정확도에 신뢰가 갔다. 그렇게 나는 그의 회사를 매수하기로 했다.

거래는 속속 진행됐다. 모든 것이 빨라도 너무 빠르게 진행됐지만 최악의 상황에서 최선의 의도로 진행되고 있다 생각하며 의심하지 않았다. 마침내 매매가 공식화됐다. 계약서의 잉크가 마르기 무섭게 진실이 드러났다.

잘 들어라. '외교'라는 이름으로 사건의 심각성을 축소하려면 할 수야 있겠지만 사실 나는 사기를 당한 것이다. 처음 제공받은 수치들은 포렌식 실사를 하자마자 계산이 안 맞는다고 판명됐다. 나는 이 사태로 몇 년간 법정을 드나들며 변호사를 만나는 데 시간을 낭비했다. 더불어 정말 값비싼 교훈을 얻었다. 여기서 말하는 '교훈'에 대해 확실히 말하자면, 이기적이어야 한다는 것도, 타인의 일에 공감하지 말아야 한다는 것도, 다른 사람을 돕지 말아야 한다는 것도 아니다. 당신의 공감 능력은 단점이 아니다. 최고의 장점이다. 내가 말하고자 하는 것은 '예스'를 조심해서 써야 한다는 것이다.

내 시간과 에너지보다 가치 있는 일인가?

내 경우를 예로 들자면 그 사람을 돕겠다고 결정하기 전에 마음의 소리를 들었어야 했다. 그랬다면 감정적인 요소들을 잠시 밀어 두고 내 앞에 놓인 문제를 분석하는 데 시간을 할애하고 결정에 신중을 기했을 것이다. 아직 결정 전이라고 말한 뒤 내 쪽에서 모든 분석이 끝난 후에 안 된다고 단호하게 말했어야 했다. 그랬다면 그 결정에 만족했을 것이다.

당신은 언제 마지막으로 '예스'라고 말했는가? 장담컨대 불과 최근에 있었던 순간이 떠오를 것이다. 잡다한 업무 요청부터 사교적인 자리로의 초대, 가족의 부탁, 심지어 최신 할인 제품을 설명하겠다고 당신을 성가시게 하는 광고 전화까지. 불과 오늘 당신에게 그런 순간이 있었을지 모른다.

그럼 당신이 마지막으로 '노'라고 말한 것은 언제였는가?

(…)

아직까지도 생각 중인가? 그럼 조금 더 기다리겠다.

(…)

기억이 잘 나지 않는가? 당신만 그런 것이 아니다. 어린 시절에 받았던 교육부터 개인적인 불안함까지 수많은 이유로 많은 사람이 '노'라고 말하기를 힘들어한다. '노'는 단어 그 자체만으로 부정적인 의미를 갖고 있다.

비즈니스 세계에서 여성의 모습을 생각해 보자. 요즘 같은 시대에도 여성이 직장에서 '노'라고 말하면 여전히 반항적이고 감정적이라고 여긴다. 하지만 남성이 '노'라고 하면 대개 단호하고 자신감 있다고 여긴다. 그래서 '좋은 게 좋은 거지' 하며 문제를 일으키기보다 자신이 책임지는 쪽을 택한다. 그러나 이 방법은 지속 가능하지 않다. '예스'를 남발하고 '노'에 인색한 태도가 행복에 지속적인 해를 끼친다는 연구 결과도 있다.

현실적으로 당신은 하루 동안의 모든 요청과 부탁에 '예스'

라고 말하지 못한다. 그러면 다른 사람의 비위를 맞추고 그들의 업무를 덜어 줄 수는 있겠지만 자신의 소중하고도 유한한 시간을 뺏는 것이나 다름없다. 당신만의 목표를 좇고 당신의 할 일을 하는 데 쓸 수 있는 시간 말이다.

다른 사람의 일에 과도하게 신경을 쓰다 보면 번아웃을 겪고 그들이 당신을 이용했다고 느끼게 된다. 때문에 전반적으로 당신은 기대한 것보다 실망스러운 결과물을 낼 공산이 크다. 물론 매일매일 마주하는 "잠깐 이것만", "미안하지만 말이야", "한 번만, 이번 한 번만" 같은 요구들을 당신이 통제할 수는 없다. 하지만 어떻게 대답할지를 통제할 수는 있다. 당신의 시간과 에너지를 들일 만큼의 가치가 있는지 판단해서 '예스'라고 대답할 수 있다. 당신이 말하는 '예스'에 얼마만큼의 역량을 쓸지를 결정할 수도 있다.

나에게는 한계를 설정할 권한이 있다

'노'에 대한 시각을 달리할 수도 있다. 이렇게 생각해 봐라. '노'라고 말함으로써 당신은 하루 중 자신에게 정말로 중요한 것에 '예스'라고 말할 수 있고 진정한 삶을 살 수 있는 여유를 남겨 둘 수 있다. 내게 자신의 회사를 매매했던 그 동료에게 내가 최소한으로 사용했던 "지금 당장은 힘들어요"나 "아직은 안 되고요" 같은 말을 '노'라고 직접적으로 말하기 힘들 때 사용할 수도 있다. 이 말들은 당신이 생각할 시간을 벌어 준다. 내 경우에는 '예스'라고 답변하기 전에 더 많은 시간을 들여야 했다.

안 된다고 말할 때 명심할 것

"안 돼요" 또는 "지금 당장은 힘들어요"라고 말할 때 다음을 명심해라.

'이기적이라고 느끼는 대신 나를 돌보는 일에 집중한다.'
'죄책감을 느끼는 대신 내면의 목소리가 하는 말에 귀를 기울인다.'
'공격적이라고 느끼는 대신 확신을 갖고 자신의 본능을 믿는다.'

'예스'라고 말하는 일에 까다롭게 대처하기 시작하면 주변 사람들과 관계가 틀어질까 봐 걱정인가? 그렇다면 걱정 마라. 기꺼이 할 것과 하지 않을 것에 대해 더 진심으로 투명하게 임한다면 당신의 솔직함은 독이 되는 일방적인 관계를 거르는 필터가 될 것이다. 더욱 건강하고 견고한 관계로, 상호 존중하는 관계로 발전할 수 있을 것이다.

당신의 가치를 알아라. 당신의 시간도 다른 사람의 시간만큼 소중하다. 어떻게든지 보호해야 할 가치가 있다. 오늘이 생애 마지막 날이라면 당신에게 주어진 24시간 중 얼마를 당신 자신과 목표를 위해 살겠는가?

적을 만들지 않는 거절법

때로는 메시지 그 자체보다 메시지를 어떻게 전달하는지가 더 중요하다. 때로는 '무엇을' 말하는지보다 '어떻게' 말하는지가 더 중요하다.

'예스'에서 '노'로 건너뛰려니 긴장되는가? 한 번에 단호하게 '노'를 말하기에는 아직 준비가 안 됐다면 다음 문장들을 참고할 수 있다. 명확하지만 부드럽게 거절하는 새로운 습관을 기르는 것도 도움이 될 것이다.

"안타깝게도 지금 당장은 상황이 안 되네요. 저를 생각해주셔서 고맙습니다."

"좋은 기회지만 현재로서는 다른 일에 매진할 수가 없는 상황입니다."

"일단 저는 힘들어요. 주위에 적합한 사람이 있으면 연락드

리겠습니다."

"고맙지만 이번에는 어렵습니다."

기억해라. '노'를 말한다고 해서 당신이 나쁜 사람이 되는 것은 아니다. 당신은 자신의 필요 사항을 우선시하고 한계를 설정할 권한이 있다. 당신의 시간을 가질 권한이 있다.

'예스'라고 말하기 위한 조건

새 습관을 기른다는 것은 때로 기존의 좋지 않은 습관을 버린다는 것을 의미하기도 한다. 주변에 얼마나 많은 사람이 당신에게 습관적으로 부탁하는가? 주변 사람 중 당신에게 습관적으로 부탁하는 이들이 있을 것이다. 당신이 부탁을 들어줄 것을 알기 때문이다. 무슨 부탁이든 항상 '예스'라고 할 것을 알기 때문에 계속 당신에게 도움을 요청하는 것이다. 이런 나쁜 습관은 끊어야 한다. 편하기 위해 특별히 생각하지 않고 자동적으로 '예스'라고 말하는 행동을 멈춰라. 당신을 가장 형편없는 사람으로 만들지 마라!

오늘부터 매일 연습하라. 당신의 가치를 반영할 수 있는 일과 감당할 수 있는 일에만 '예스'라고 말할 것을 약속하자. 예를 들면 다음 같은 경우다.

- 생산적일 때.
- 심사숙고했을 때.
- 중요한 가치가 있다고 판단했을 때.
- '혼자서 다 할 수 있다'는 자존심이 아니라 내면의 솔직한 목소리를 들었을 때.
- 나에게 가치 있는 일일 때.

나를 믿어라. '노'라고 말하면 당신의 앞에는 '예스'의 세계가 펼쳐질 것이다!

기적이 일상이 되는 순간

하루 동안 얼마나 많이 '노' 그리고 '예스'라고 말하는지 기록해 보라. '예스'라고 할 때마다 위에서 언급한 가이드라인을 따랐는지 스스로에게 질문하라. '노'라고 말했을 때는 자랑스러워하라. 당신이 자신을 돌보는 일을 우선시하고, 본능을 따르고, 공격성이 아닌 확신을 갖는 법을 배우고 있다는 뜻이기 때문이다. '예스'와 '노'의 비율에 깜짝 놀랐다고? 내 그럴 줄 알았다!

행복하지 않다면 변화하라!

간혹 당신이 본연의 모습을 유지하는 것에 아니꼬워하는 사람이 있을 것이다. 모든 사람이 당신의 진정성을 포용해 주지는 않는다. 당신의 존재를 심기 불편해하는 사람도 여기저기 있을 수 있다.

나는 리더로서 임무를 수행할 때 나와 내 비즈니스를 신뢰하는 사람들에게 최선의 이익을 가져다주면서도 내 본연의 모습에 충실하기까지 많은 노력이 필요했다. 아이들에게 최고를 원하는 것이 모든 부모의 마음이겠지만, 나는 부모로서 모범을 보이고 아이들의 진정성이 그들을 옳은 방향으로 이끌어 주기를 바라는 것이 내가 할 수 있는 전부라는 사실을 배웠다. 그리고 아이들이 언제나 내가 자신들을 지지하고 응원한다고 느끼기를 바랐다. 경험해 봐서 아는데, 자신의 성향에 맞지 않는 길을 가는 것은 쉽지 않기 때문이다.

다들 짐작하겠지만 아직 어린 세 명의 아이들을 데리

고 이혼 여성이 되는 것은 보수적인 이탈리아 집안 출신인 내게 미운 오리 새끼가 되는 결정이었다. 나는 내가 최고의 의도로 이 결정을 내렸다는 사실을 알았지만 이 과정은 순탄치 않았다. 하지만 내 결심은 확고했다. 나는 고개를 최대한 꼿꼿이 세웠다. 때로는 고통스러운 소통이 오고 갔지만 이해하면서 그 시기를 참을성 있게 대하려고 했다. 쉬웠냐고? 당연히 쉽지 않았다. 하지만 올바른 방법이었다.

당신 자신에게 솔직해라. 몇몇 사람을 실망시킬 수도 있지만 그들의 인생이 아니다. 진정성이 당신의 여정에서 함께한다면 그만 한 가치가 있다. 자신에게 솔직하지 않다면 결국 당신도 느낄 것이다. 깊숙이 들여다보면 곧 알게 될 것이다.

개인적인 일이든 일적인 일이든 삶에서 자신의 자리가 아닌 곳에 있다는 느낌이 든다면 당신에게 변화할 기회를 줘라. 당신의 행복은 중요하다. 다른 사람을 신경 쓰느라 당신이 행복하지 않다면 결국 어느 누구에게도 호의를 베푸는 것이 아니다. 변화는 아무리 해도 지나치지 않다. 진심으로 행복하지 않다면 제발 변화해라!

2장

열정적인 하루를 넘어
성공적인 내일로

오후의 기적

—
내 마음에 동요가 일고 마음속에서 "원해,
정말 원해, 정말 정말 원해!"라고 외쳤다.
그 소리는 매일 오후면 들렸고
떨쳐 버리려 노력할수록 커졌다.

솔 벨로(소설가)

08

눈앞에 벌어지는
일에 집중하라

·

현재에 충실하기

순간을 놓치지 마라. 그것은 우리가 가진 전부다.

아리아나 허핑턴(기업인, 칼럼니스트)

일상에서 당신이 얼마나 현재에 충실한지 1부터 10까지 숫
자로 등급으로 매긴다면 어떨까? 당신이 100퍼센트의 열과
성을 다해 오롯이 현재를 살아간다고 확실히 말할 수 있는가?
사람들과의 개인적 상호 작용과 회의, 일상에서의 볼일, 중간
중간에 있는 단조로운 일 등 아침부터 밤까지 일어나는 모든
일에서 당신은 정신적으로 얼마나 현재에 충실한가?
이 질문을 하는 이유는 우리 모두 인생이 너무 바쁘기 때문

이다. 해야 할 일이 너무 많다. 우리의 일상은 얼마나 많은 일을 할 수 있는지, 얼마나 많은 업무를 완수할 수 있는지를 중심으로 돌아가는 것처럼 보인다. 아침에 눈을 뜨자마자 일을 빠르게 진행하는 데 급급하다. 이 상황 저 상황 뛰어다니며 줌 미팅을 하고, 문자와 이메일을 보내며 앞만 보고 달린다. 이것은 했는지, 저것은 했는지 오늘 해야 할 일을 체크하고 하루의 실적을 수시로 점검하면서 말이다. 무조건 '얼마나' 했는지가 중요하다.

오해하지 마라. 생산성 좋다. 사실 너무 중요하다. 그런데 이렇게 양에만 집중하면 우리 하루의 질은 어떻게 될까? 우리가 경험하는 하루의 질은 어떤가?

질문을 하나 하고 싶다. 하루를 사는 당신의 모습을 사진으로 찍는다면, 24시간 중 단 하나의 자연스러운 순간을 포착한다면, 당신은 어떤 모습으로 사진에 담길까? 열심히 집중하는 모습일까? 아니면 100퍼센트 집중하지 않은 채 그저 시간에 쫓겨 일을 처리하는 데 급급한 모습일까?

우리 대부분은 일을 급하게 해치우고 빨리 다음 업무를 시작하기 바쁘다. 주어진 시간을 사는 동안 수백만 가지가 머릿속을 채우고 있기 때문에 예민하거나 신경이 곤두선 것처럼 보이기도 한다. 너무 많은 사람이 당신을 믿고 있고 너무 많은 것이 당신의 어깨에 달려 있다. 하루 종일 이 부담을 고스란히 짙어진다. 그렇게 열심히 뛰어다니며 노력한 후 돌아오는 보상은 제대로 기억에 남지도 않는 반쪽짜리 하루가 전부다.

충만한 인생을 살고 있다는 느낌을 받고 싶지 않은가? 현재에 충실하다는 것은 '지금 현재'에 대해 완전히 이해한다는 것이다. 그리고 바로 이때가 우리가 번창하는 순간이다. 우리는 이 순간 완전히 집중한 상태다. 인생이라는 차의 운전석에 앉아 우리 삶을 운전한다.

'지금 현재'가 바로 굽이굽이 도로를 따라 의식적으로 길을 찾은 후 당신이 있어야 하는 곳이다. 오직 당신만이 할 수 있다. 단 그동안 익숙해진 자동 세팅을 먼저 과감하게 버려야 한다. 인간에게 알려진 모든 좋은 습관과 행동을 익힐 수 있지만 당신이 삶의 매 순간에 100퍼센트 충실하지 않다면 그것들은 아무 소용없다.

충실함은
집중력에 비례한다

아주 바쁜 일정을 소화하며 살아가는 사람으로서 나는 그저 흘러가는 대로 사는 삶에 대한 유혹이 얼마나 거절하기 힘든지 잘 안다. 에크하르트 톨레의 《지금 이 순간을 살아라》를 처음 읽었을 때 무릎을 탁 쳤던 기억이 난다. 그는 이렇게 말한다.

"깨달아라. 지금이 당신이 가진 전부다. 당신 인생의 초점을 '지금'에 맞춰라."

나는 일정이 빡빡한 채로 바쁘게 사는 생활을 좋아한다. 그런데 어떤 한 가지 일을 한창 하는 도중에 마음이 이미 다음 업무에 가 있는 경험을 많이 했다. 몸은 이곳에 있지만 마음은 이곳에 있지 않았다. 습관적이며 온전하게 내 시간과 공간에 투자하는 법을 배운 후에야 이로써 얻는 성취감이 무엇인지 알게 됐다. 현재에 충실히 임하는 법을 익히면 인생의 경험으로부터 더 많은 것을 얻고 당신의 주변 세계에 더 참여하게 된다.

현재에 충실히 임하는 것의 상당 부분이 당신의 집중력과 연관이 있다. 집중력은 많은 사람이 힘들어하는 분야다. 줄줄이 이어지는 명세서는 절대 끊이지 않고 오늘 해야 할 일은 늘어만 가며 주변 사람들은 항상 뭔가가 필요한 것 같아 보이는 이 세상에서 모든 것을 무시한 채 그저 집중에 초점을 맞추는 것이 과연 가능할까?

구체적인 예를 들어 보겠다. 당신은 지금 누군가와 마주보고 선 채 이야기를 나누고 있다. 처음에는 움직이지 않고 집중하며 대화에 충실히 임한다. 몇 분이 지났을까. 갑자기 누군가가 빨간색의 작은 탱탱볼을 당신에게 던진다. 당신은 그 공을 잡고 잠깐 대화의 집중력을 잃는다. 그리고 스스로에게 말한다.

'괜찮아. 잠깐 대화를 놓친 거야. 따라잡을 수 있어.'

몇 분이 흘러 이번에는 다른 탱탱볼이 당신을 향해 날아온다. 그리고 또 다른 공, 또 다른 공이 계속 날아온다. 이내 당신은 대화의 흐름을 놓치고 날아오는 탱탱볼을 해결하느라 사려 깊은 대답 대신 자동적인 답변을 한다. 이 탱탱볼은 어느 순간에라도 당신 머릿속에 불쑥 들어와 이리저리 옮겨 다니는 여러 생각과도 같다.

반대 상황을 보자. 이 말을 들어 본 적이 있을 것이다.

"네가 대접받고 싶은 대로 남을 대접하라."

당신이 직장에서 준비하는 중요한 프로젝트에 대해 동료와 이야기를 나누고 있다. 프로젝트 진행 중 어려움이 있어서 이 사람의 피드백을 구하려고 한다. 동료는 휴대폰을 손에 쥐지 않은 채 당신 쪽으로 몸을 틀었다. 지금 이 장소에서 이 순간에 당신에게 충실히 집중하겠다는 표시를 보여 준 것이었다. 대화를 마친 후 당신은 인정과 존중을 받았다는 느낌을 받는다. 왜냐하면 이 사람이 그 순간에 최선을 다했고 충실했기 때문이다.

집중하고 충실하려는 진실한 의도로 어떤 상황에 임할 때도 우리는 종종 얼마 지나지 않아 자신만의 생각에 빠지는 경우가 있다. 연구에 따르면 보통 성인의 '선택적이고 지속적인 집중력' 또는 업무와 연관된 '초점적이고 지속적인 집중력'을 유지하는 시간은 10~20분 정도이며 이 수치는 나이가 들면서 해마다 점점 떨어진다고 한다. 우리의 뇌는 모든 것을 포착하기 위해서 우리가 초점을 맞추는 것들에 주의력을 짧게짧게 배분하도록 돼 있는 것처럼 보인다.

하지만 우리는 이 패턴을 바꿀 힘을 갖고 있다. 사실 관심과 노력을 집중시키는 것은 성공을 위한 하나의 툴로 여겨져 왔다. 이는 너무나도 많은 관심이 모이는 주제이며 이를 다룬 서적이며 세미나, 팟캐스트는 이미 여럿 있다. 집중력을 높이고 결과적으로 인생의 통달을 장담하는 비법과 요령은 무궁무진하다. 다른 모든 것과 마찬가지로 주의력을 높이는 일 또한 우리가 할 수 있는 일이라는 사실에 동의한다.

집중력은 현재를 살고 싶다는 욕구와 비례한다

우리는 집중력을 잃었다고 느낄 때마다 다시 제자리로 돌아가도록 우리의 뇌를 재정비할 수 있다. 하지만 경험에 따르면 이를 위한 빠른 해결책은 없다. 새로운 습관을 기르고 변화를 위한 진정한 욕구를 충족하기 위해서는 옛날 방식의 자기 훈련이 답이다. 당신이 인생의 완벽한 주인이 될 수 있도록 '현재를 살고 싶은' 욕구가 있어야 한다.

1990년대 초, 중개 매니저가 되기 전이었다. 당시 나는 세일즈 부서에서 일하고 있었다. 일의 성격상 하루 종일 쉬지 않고 계속 이동해야 했다. 집을 방문하는 일부터 집을 소개하는 일까지 늘 움직여야 했다. 그것이 내 강점이다 보니 적성에 잘 맞았다. 늘 다른 곳에서 일할 수 있고 늘 움직여야 하는 상황이 좋았다. 그런데 문제가 하나 있었다. 나는 늘 매니저 자리에 관심을 갖고 있었다. 세일즈 부서에서 일하는 것도 좋았지만 아이들을 생각해 근무 시간이나 안정적인 급여를 고려하면 매니저급의 조건이 더 나았다.

매니저라는 새로운 위치에서 일을 하게 되면 그동안 일하던 방식에 큰 변화가 생길 것이었다. 전에는 대부분의 시간을 차에서 보내며 이 약속 장소에서 저 약속 장소로 이동했다면 이제는 사무실에 앉아 업무를 해야 했다. 나같이 활동적인 사람에게 몇 시간을 한곳에 앉아 있어야 하는 일은 악몽 그 자체였다. 간혹 사무실에서 일을 하는 경우에도 나는 내 자리에 잘 앉아 있지 않았다. 사무실 이곳저곳을 걸어 다니거나 동료들과 의견이나 정보를 교환하거나 걸으면서 전화를 하고는 했다. 가만히 앉아 있는 것은 절대 못했다.

세일즈 부서에서 관리 부서로 옮기게 되면 이것이 큰 문제가 될 것이라는 사실을 알았다. 동료들과 직원들에게 리더십과 일관성을 보여 줘야 했다. 그들은 내가 사무실의 자리를 지키며 도움이 필요할 때면 언제든지 지원해 주기를 기대했다. 나는 내가 할 일이 무엇인지 충분히 이해했다. 그리고 내게는 그저 자리에 가만히 앉아 있는 것만이 문제가 아니었다. 나는 어떠한 움직임이나 진행되는 것이 없으면 그 순간에 집중해 100퍼센트 충실하게 임하는 것이 힘들었다. 과거에는 이곳저곳을 돌아다니며 움직임을 찾던 순간에 이제는 흔들리지 않도록 나 자신을 단단히 붙잡고 현재에 충실히 임하는 법을 배운다면 내 업무 환경을 의식적으로 다시 짤 수 있을 것 같았다.

그리고 작은 습관부터 들이는 법을 배웠다. 앉아서 자리를 뜨지 않고 일을 하기 시작했다. 처음에는 30분, 그다음에는 45분, 나중에는 1시간 동안 자리에서 일했다. 잠깐의 휴식 시간을 마련해 일어나 몸을 가볍게 움직이거나 사무실을 돌면서 사람들과 교류하거나 전화 통화를 했다. 이렇게 실천한 지 몇 주 후 내게 맞는 균형과 리듬을 찾기 시작했다.

솔직히 말하겠다. 현재에 충실히 임하는 것을 습관으로 실천하기란 쉽지 않다. 내가 이 책에서 제안하는 것들 중 가장 어려운 습관일 수도 있다. 아침 일찍 일어나거나 당신의 하루를 미리 준비하는 것과 달리 현재에 충실히 임하는 것은 하루 온종일 당신의 의식적인 노력을 요구하기 때문이다.

중요한 것이 있으면 우리는 그것을 위해 노력한다. 적어도 내게는 현재에 충실히 임하는 것이 중요한 문제다. 인생은 원하면 다시 돌려 들을 수 있는 녹음기가 아니다. 매 순간이 처음이자 마지막이다. 그걸로 끝이다. 버겁게 느껴질 때도 물론 있다. 지금 서 있는 곳에서 허우적거릴 때도 있다. 하지만 그럴 때면 나 자신을 점검하는 시간을 갖고 생각을 정리한다. 이 순간이 지금 내가 살고 있는 순간이며 온전히 집중할 가치가 있는 순간이라고 자신에게 상기시킨다. 내가 무엇을 하고 있는지는 상관없다. 인생에서 내가 하는 모든 것, 내가 만나는 모든 사람은 중요하게 여겨야 하고 충실히 임할 가치가 있다.

순간에 집중하는 자가
일과 사람을 얻는다

'지금'은 우리가 진정으로 갖고 있는 전부다. 우리는 현재에 충실할 수 있도록 연습해야 한다. 만나는 모든 사람, 그들과 나누는 모든 것을 하나의 기회로 여겨야 한다. 내 좌우명 중 하나는 '내가 말하는 것의 두 배로 다른 사람의 이야기를 들어라'다. 우리의 귀가 두 개이고 입이 하나인 이유를 생각해 본다면 의식적이고 현재에 충실한 이 전략이 우리 생활에 얼마나 긍정적인 작용을 하는지 곧바로 알아차릴 수 있다.

당신의 일상에서 현재에 충실했을 때 얻을 수 있는 가장 전형적인 혜택을 생각해 보자. 일적인 면에서 보자면 순간과 현재에 초점을 맞추는 능력으로 당신은 무리에서 돋보일 수 있다. 다양한 업계가 가진 공통분모가 있다면 바로 '사람'이다. 사람은 각 기업의 핵심 요소로, 기업이 잘 굴러가도록 손과 발이 되고 뛰어난 능력을 발휘하는 주체다. 비즈니스 리더들은 성공의 비결이 적극적인 참여와 진정한 유대를 통해 마련되는 관계 형성과 끈끈한 팀워크에 있다는 것을 이미 잘 알고 있다. 또한 당신이 예상한 대로 이것들은 다른 사람들과 함께할 때 얼마나 '현재에 충실히 임하느냐'에 달렸다.

나는 매일 많은 사람을 상대한다. 업무와 문제들이 한꺼번에 들이닥치면 쉽게 집중력을 잃고 다른 것에 정신이 팔릴 수 있다는 사실을 잘 알고 있다. 당신이 로봇이 아닌 이상 방해받는 것은 당연하다. 핵심은 당신이 현재에서 멀어지는 순간을 알아차리고 현재로 다시 돌아와 당면한 과제에 집중해야한다는 것이다.

현재에 충실히 임하는 것이 편해지면 당신과 함께 일하는 사람들은 그것을 알아차리고 당신에게 감사해할 것이다. 진심으로 주의를 기울이려는 노력에 고마워하고 도움이 필요할때를 대비해 늘 자리를 지키는 당신의 모습에 감탄할 것이다. 당신은 신뢰할 수 있고 세심하며 집중력이 높은 사람의 모범이 될 것이다. 그리고 그전에는 놓쳤을 법한 것들을 캐치하기 시작할 것이다. 궁극적으로 이런 태도는 직장에서의 하루뿐만 아니라 커리어적으로 장기적인 목표에 더 가까이 가기 위해 견인력을 도모하는 데도 도움을 줄 것이다. 다른 사람들이 당신에 대해 긍정적인 인식을 갖게 하는 데 도움이 되는 것은 말할 것도 없다.

직장에서 하루 종일 현실에 충실하기 위해 노력하는 일은 많은 에너지를 요한다. 퇴근 후 집, 즉 최악의 모습을 고스란히 풀어 둬도 되는 장소에 돌아오면 수렁에 빠진 느낌을 줄 수도 있다. 물론 의도된 행동은 아니다. 우리 뇌는 바깥세상에서는 최대한 깨어 있되 집에 돌아오면 안락하고 편안한 공간에서 조금은 긴장을 풀어도 된다고 말하기 때문이다. 한편 집에서 현재에 충실히 임하는 습관에 실패하면 인생에서 가장 중요한 가족뿐 아니라 자기 자신에게도 소홀해져 가족과의 관계, 자신과의 관계에 장기적으로 나쁜 영향을 미칠 수 있다.

환경에 상관없이 능숙하게 습관적으로 현재에 집중하는 능력은 획기적인 자신감 부스터가 될 것이다. 당신의 인생을 제어할 수 있다는 기쁨과 희열감을 느낄 것이다. 주변 사람들은 당신의 주의력과 집중력을 새로 발견할 것이고, 가족들은 자신들과 함께 시간을 보내는 것을 중요하게 여기는 당신의 태도에 지지받고 사랑받는 느낌을 받을 것이다. 이는 자연스레 당신과 그들의 관계에 긍정적으로 작용할 것이다. 또한 더 효과적인 방법으로 자기 돌봄에 시간을 쓸 수 있을 것이다.

순간순간에 진심으로 참여하라

그렇다면 '현재에 충실하다'는 것이 정확히 무슨 뜻일까? 현재에 충실한 삶은 어떤 모습이고 어떻게 실천할 수 있을까? 다음의 전략들이 도움이 될 것이다.

- 언제 어디에서 당신이 현재에 충실한지 의식적으로 확인한다. 하루 중 언제, 어디에서, 누구와 함께 있을 때 현재에 집중하는가?
- 앞에 놓인 중요한 일이나 약속을 처리하는 데 충분한 시간을 할애한다. 불가피한 방해에 대비해 여분의 시간을 예측하고 당신의 하루를 미리 준비한다.
- 상대방에게 집중하고 있다는 것을 신체적으로 표현한다. 눈을 맞추거나 상대 쪽으로 몸을 돌리는 등의 방법이 있다.
- 내면화하고 처리하고 생각할 수 있는 공간을 마음속에 만들어 당신 앞에 놓인 상황을 신중하게 다루도록 한다.
- 다른 주제나 아이디어로 넘어가기 전에 지금 당면한 문제에 온전히 집중하고 충분히 고려한다.
- 경청한다. 일이 어떻게 진행되고 있는지 진심을 다해 듣는다.

쉽지만은 않다. 현재에 충실해지는 것은 특히 젊은 엄마들에게 너무 힘든 일이라는 사실을 잘 안다. 나는 쉬지 않고 일했다. 일을 하면서 장애물을 만나면 해결책을 찾는 동안 가족과의 시간을 수없이 놓쳤다. 늘 현재에 충실히 임하지 않았던 것은 내 의식적인 선택이었을까? 물론 아니다. 하지만 일하는 과정에서 가끔씩 더 나은 것을 위해 어느 순간 우리는 이런 잠재의식적인 희생을 감수하게 된다. 다시 과거로 돌아가 그때 놓쳤던 아이들과의 시간을 모두 경험할 수 있다면 얼마나 좋을까 생각한다. 그렇기에 현재 할머니로서 손주들과 함께할 수 있는 두 번째 기회가 주어진 것에 무한한 감사를 느낀다. 나와 비슷한 처지에 있는 사람이라면 이해할 것이다. 그때 알았더라면, 그때 마음에 여유가 있었더라면 좋았을 것을 지금 알고서 처음부터 다시 해 볼 수 있는 것이 얼마나 보람된 일인지 말이다.

집중해서 이해하는 법을 배우면 우리는 주변 사람들의 말을 진심으로 경청할 수 있다. 사람들은 우리가 그들의 하루를 소중히 여기기 때문에 그들의 말을 경청한다는 사실을 느끼게 된다. 사려 깊은 대답을 할 때면 우리는 사랑하는 사람들에게 우리의 시간과 지혜, 에너지를 나눠 준다. 우리가 현재에 충실하고 다른 사람을 사랑하고 존중하는 것이 무슨 의미인지에 대해 적극적으로 선례를 만들 때 부모로서, 배우자로서, 형제자매로서, 또는 다른 어떤 역할로서 우리에게 가장 소중한 사람들과 진심으로 연결되며 마음껏 행복해하고 성장할 수 있다.

이는 더 나은 변화를 위한 노력으로부터 시작된다. 무의식적으로 놓쳤던 모든 중요한 순간과 미처 깨닫지도 못한 채 흘려 버린 당신의 삶에 진심으로 참여하기 위한 매일의 노력 말이다.

알고 있는지 모르겠다. 요가 수업에서 가장 어려울 때는 프레첼 자세를 할 때도 아니고 바른 자세를 오랫동안 유지할 때도 아니다. 바로 수업 맨 마지막에 선생님이 송장 자세로 누워 눈을 감고 명상하라고 할 때다. 선생님의 목소리, 주변에서 들렸던 힘겨운 숨소리, 전사 자세 1에서 전사 자세 2로 동작을 바꿀 때면 거울에 반사되던 불빛도 모두 사라진다. 우리는 바닥에 누워 호흡한다. 요가에 집중하느라 힘들었기에 처음 당신은 그 순간을 받아들이며 이 휴식을 고마워한다. 그런데 그때 스멀스멀 머릿속으로 들어오던 여러 생각이 마침내 터지기 시작한다.

'저녁 뭐 하지?'
'보낸다던 그 메일은 보내 놨을까?'
'엄마는 병원에서 검사를 잘 받았을까?'
'집에서 나올 때 경보기를 작동시켜 놨나?'

인생이 그렇다. 우리는 매 순간 최고의 의도로 시작하지만 곧 삶이 밀려 들어와 현재 진행 중인 생활의 모든 전원을 끌 수는 없다는 사실을 우리에게 알려 준다. 아주 즉각적인 결과와 장기적인 결과를 모두 제공하는 마음의 존재에 완전히 적응하는 것이 그렇게나 중요한 이유다. 그것이 결코 쉽지 않더라도 말이다. 하루하루 쏟는 당신의 노력이 가치 있는 이유다.

기적이 일상이 되는 순간

당신이 언제 어디에서 집중력을 잃는지 살펴라. 다른 사람들과 눈을 맞추고 그들이 하는 말에 귀를 기울이면서 딱 하루만 오롯이 현재에 충실하려고 노력해 봐라. 이때 휴대폰은 잠시 멀리한다.

우리가 현재에 집중을 하든 말든 삶은 계속된다. 그리고 당신이 하루 동안 겪는 모든 경험은 다시는 돌아오지 않을 유일한 순간이다. 아름다운 인생이다. 그러니 놓치지 마라. 깊게 호흡하고 주변을 살펴봐라. '지금'은 당신이 가진 전부다. 이 순간을 살피고 당신 인생의 현재를 살기 위해 노력해라.

09

나와 타인의
소통법을 의식하라

·

인생의 만능 키 만들기

다른 사람들 그리고 우리 자신과 소통하는 방법이

우리 삶의 질을 결정한다.

토니 로빈스(변화 심리학자)

사람들을 만날 때 우리가 찾는 것이 있다. 자신의 반쪽을 찾거나 직원을 고용하거나 하물며 원격 지원 서비스를 해 주는 직원과의 관계에서도 우리가 찾는 것이 있다. 바로 소통의 기술이다.

언어적이든 비언어적이든 소통은 인간의 모든 활동과 연관돼 있다. 확신을 갖고 명확하고 효과적으로 자신을 표현하는 능력은 의식적·무의식적으로 우리를 표현하는 방법이다. 신뢰를 형성하고 사람들과 연결시키는 고리다. 타인과 소통하는 방식은 첫 상호 작용부터 관계의 분위기를 조성하고 사람들이 당신을 보는 시각을 정할 것이다.

소통의 기술은 삶의 모든 영역에 적용하는 인생 기술 중 하나이기도 하다. 직장에서 아주 큰 프로젝트를 성공적으로 마무리하는 일부터 집에서 훌륭하게 아이들을 양육하는 일까지, 그리고 당신이 알아차리지 못한 사소한 일들을 포함한 모든 영역 말이다. 이 모든 것에 당신의 소통 스타일이 녹아 있으며 이는 당신만의 시그너처 표현 방식이다. 소통 기술이 당신 일상에서 중요한 열쇠인 이유다. 소통이 주는 장기적인 혜택에 대해서는 잠시 잊어라. 일단 하루 24시간만 생각해라. 동료, 가족, 심지어 당신 자신과의 소통 방법이 당신의 삶에 좋든 싫든 어떤 영향을 미치는가?

많은 사람에게 그렇듯이 소통은 성공적인 하루를 보내는 데 있어서 중요하다. 일찍 일어나기, 미리 하루를 준비하기, 현재에 충실하기 같은 다른 습관들도 중요하지만 소통 기술이야말로 당신의 하루하루를 빛내 줄 중요한 요소다.

엉뚱한 의사소통으로 인해 얼마나 많은 계획이 수포로 돌아가고 좋은 기회를 놓치는지에 대해 생각하면 가히 놀랍다. 바보 같은 의사소통으로 생기는 여파는 전혀 작지 않다. 잘못된 의사소통은 장기적인 목표를 달성하는 능력에 지대한 영향을 준다. 이것이 습관이 되면 궁극적으로 당신의 행복에도 큰 악영향을 줄 수 있다. 결국 가장 중요한 것은 탄탄한 의사소통 기술이며 이것은 그저 단어를 나열해 문장을 만드는 것 이상을 의미한다. 좋은 소통은 다음의 다양한 기술과 연관된다.

시각적인 언어를 사용하라

대부분의 사람은 시각적인 학습자다. 눈으로 관찰되는 것에서 힌트를 얻는다는 뜻이다. 우리의 청각 기능이 문제없이 잘 작동한다 해도 우리가 보는 것과 듣는 단어가 뇌에서 함께 처리되지 않는다면 큰 의미가 없다. 즉 다른 사람들과 이야기할 때 올바른 단어를 사용하는 것만으로는 부족하다는 뜻이다. 우리가 말하는 단어들이 몸짓, 표정과 어우러지지 않는다면 우리의 메시지를 잘 전달할 수 없다.

말과 행동의 시너지

당신 앞에서 누군가 '노'라는 뜻으로 고개를 좌우로 흔들며 "예스"라고 크게 외치고 있다고 상상해 봐라. 당신은 어떻게 해석할 것인가? '말보다 행동이 더 중요하다'는 속담이 있듯이 대부분의 사람은 '노'를 의미하는 물리적 신호에 중점을 둘 것이다. 물리적 신호가 당신이 내뱉는 말과 일치하면 당신이 하는 말은 더 단단하게 뒷받침될 것이다. 그러면 사람들이 당신을 이해하고 신뢰하며 당신과의 대화에 더욱 전념할 것이다.

당신이 최근에 참석했던 성공적인 회의를 생각해 봐라. 회의를 이끄는 사람은 중요한 정보를 전달하고 있었을 것이다. 하지만 그 외에도 다른 참석자들과 눈을 맞추고 메시지에 맞는 표정을 지었을 것이다.

인간은 감정을 표현하기 위해 21가지의 다양한 표정을 짓는다고 한다. 놀랍지 않은가? 전 세계를 돌고 강연장을 가득 메울 정도의 팬을 보유한 동기 부여 전문가들처럼 효과적으로 소통하는 이들은 이 사실을 알고 있다. 강렬한 조명과 큰 음악 소리를 넘어 이 전문 연설가들은 관중석에 몇 명이 앉아 있든 상관없이 그들과 효과적으로 소통하고 연결된다. 연설자가 열정적인 몸짓에 살아 있는 표정을 구사하며 가슴을 활짝 편 채 청중을 자신의 공간으로 초대하면 청중은 마치 그가 자신에게 비밀을 알려 준다는 느낌을 받는다.

연설자의 메시지가 책이나 다른 매체로 알려져 있음에도 이들이 세계를 순회하며 강연으로 인기를 증명하는 이유다. 1인칭 시점으로 연설자와 직접 대면하는 것보다 더 효과적인 소통 방법은 없다. 입으로 전달되는 말과 물리적 행동이 딱 들어맞으면 더욱 그렇다. 나는 이를 직접 경험한 바 있다. 나는 토니 로빈스 같은 동기 부여 거장들의 연설을 직접 본 관객이었다.

전하려는 메시지에 몰입하라

반대로 관객이 아닌 연설자의 입장에서 보자. 기대에 가득 찬 얼굴로 당신을 바라보는 수천만 명의 관객과 소통하기 위해 그 순간에 모든 것을 집중해 무대에 오르는 기분을 나는 안다. 입 밖으로 나오는 단어들이 전부가 아니다. 당신의 몸짓 언어, 표정, 에너지, 그곳에서의 당신의 존재. 이 모든 것이 어우러져 당신의 메시지가 전달된다.

연설하는 무대에서든 사무실에서 이뤄지는 정기 교육 세션에서든 나는 내 언어적·비언어적 전달력을 늘 염두에 둔다. 팔짱을 끼거나 주머니에 손을 넣지 않으며 긍정적이고 열린 자세로 청중과 마주한다. 나는 몸을 움직이며 강연하는 것을 좋아한다. 가능하다면 모두가 소속감을 느낄 수 있도록 관중석 끝과 끝을 모두 아우르며 움직인다. 그리고 가능한 한 모든 관객과 눈을 맞추려고 한다. 단어를 크고 명확하게 또박또박 발음하며 목소리에 진정성을 담아 말한다. 내가 전하려는 메시지가 무엇이 됐든 청중에게 잘 도착하기를 바란다.

그저 말뿐이 아니라 내가 이를 진심으로 믿는다는 사실을 청중이 알면 좋겠다. 여기서 중요한 사실이 하나 있다. 나는 질문을 하고 피드백을 요청하는가 하면 청중을 웃기기도 하며 청중과 상호 작용하기도 한다. 나는 그들이 귀를 기울이고 에너지를 얻었으면 좋겠다. 그 시간만큼은 진정한 가치를 그들에게 가져다주고 싶고 그들이 내 열정을 느끼기를 바란다. 결국 내가 하는 말에 나 자신이 정작 신이 나지 않는다면 어떻게 다른 사람이 그러기를 바랄 수 있겠는가?

진심 어린 감사를 전하는 가장 왁자지껄한 방법

우리의 최강 영업 사원들과 세일즈 팀의 업적을 축하할 때만큼 나를 기쁘게 하는 일도 없다. 우리 회사는 직원들을 집중 조명하고 지난 1년간 있었던 그들의 성장과 그들이 이룬 성과를 축하하기 위해 연례행사를 연다. 팬데믹의 여파로 한동안 이 행사를 열지 못했지만 2022년에 다시 열게 됐다. 예상대로 그해 행사에서 느껴진 열기와 에너지는 차원이 달랐다. 가장 인상 깊었던 것이 무엇이었냐고? 내가 무대에서 연설할 때 모든 사람과 연결돼 있다는 느낌을 받았다는 점이다.

행사를 준비하면서 올해는 뭔가 특별해야 한다고 생각했다. 행사장에 들어설 때 모두가 함께 들뜰 수 있는 분위기를 연출하고 싶었다. 지금까지 볼 수 없었던 최고의 행사를 위해 특별하게 등장해야 한다는 것을 알고 있었다. 대망의 그날, 사람들이 중앙 홀에 들어와 자신의 테이블과 의자를 찾아 자리를 잡을 때 조명이 어두워지고 사전 녹음된 오디오가 재생됐다. 대형 스크린을 통해 카운트다운이 시작되면 마이크로 청중과 함께 1까지 셌다. 내가 선곡한 블랙 아이드 피스의 〈I Gotta Feeling〉이 흐를 때 나는 중앙 홀의 문을 지나 내 방식대로 몸을 흔들면서 테이블을 가로질러 무대에 올랐다. 모든 청중이 선 채로 노래를 따라 부르고 머리 위를 밝히는 갖가지 색의 조명을 배경으로 춤을 췄다. 모두를 열광시키는 분위기가 연출됐다. 내가 상상했던 무대였다.

무대 위에 올라 아이들과 매니저들에게 가서는 노래가 끝날 때까지 청중과 함께 춤을 췄다. 노래가 끝날 무렵 바라본 청중의 모습에서 나는 내가 바라던 집단적인 에너지를 느꼈다. 내가 느끼는 감정이 내 에너지와 커뮤니케이션에 반영되기를 바랐다. 그 행사는 오롯이 그들을 축하하기 위한 자리였다.

나는 길게 돌출돼 있는 무대 끝에 섰다. 그리고 진심을 담아 연설했다. 그날 모두가 그런 자리에 올 수 있음에 감사해했고 너무나도 훌륭한 팀과 함께 일할 수 있음에 자랑스러움을 표현했다. 이는 대본 어디에도 없는 부분이었다. 내 목소리를 통해 한껏 들뜬 기분이 고스란히 드러났다. 그 순간 이

루어진 소통은 언어적·비언어적으로 내가 표현하고자 했던 진심 어린 감사와 내게 주어진 그 순간에 대한 기쁨을 표현하는 것이었다.

불과 최근까지만 해도 언제 이런 행사를 다시 열 수 있을지, 심지어 과연 언젠가 다시 열 수 있을지조차 알지 못했다. 2020년에는 코로나19의 감염 위험성을 낮추기 위해 사회적 거리 두기가 의무화되면서 사람들과 대면해 소통하는 것이 불가능했다. 그 시기에 줌 같은 플랫폼의 수요가 급증한 것은 대면 소통에 대한 사람들의 갈증이 얼마나 높았는지를 입증하는 대목이다.

시간이 지나자 화상 통화만으로는 부족했다. 사람들은 비언어적인 신호와 시각적인 지표가 제공하는 연결과 피드백을 원했다. 전화기 너머로 상대방이 당신의 생각에 동의한다는 메시지를 듣는 것은 상대방의 신체적 반응을 실시간으로 보는 것과는 아주 다르다. 상대방이 웃으며 고개를 끄덕이고 있는가? 아니면 무언가를 혼란스러워하며 걱정스러운 표정을 짓고 있는가? 연결을 위한 이런 방법들이 아직까지도 대안책으로 사용되지만, 사회적 거리 두기는 물리적 접촉이 갖는 힘이 얼마나 대단하고 대체 불가능한지를 입증한 기회였다고 말해도 과언이 아니다. 어떤 것도 모니터도 와이파이도 필요 없이 실시간으로 다른 사람과 함께하면서 경험을 공유하는 일을 대신할 수는 없다.

적당한 속도로 말하고 경청하라

우리의 뇌는 사고하면서 1분에 약 3,000개의 단어를 익힐 수 있는 반면 1분에 약 125개의 단어만 들을 수 있다는 연구 결과가 있다. 우리가 단어를 듣고 처리하는 것보다 단어를 생각하고 생성해 내는 일을 더 잘한다는 얘기다. 이는 소통에 있어 심각한 장애물이 될 수 있다.

원활한 소통을 위한 방법으로, 메시지를 전달할 때 우리의 속도를 인식하는 것이 있다. 말이 너무 빨라 타인에게 메시지 전달이 잘 안 되는 경우가 있는가? 단어를 천천히 명확하게 발음하고 차분하고 확신 있는 톤으로 자신을 표현해라. 그렇다고 슬로 모션으로 말하라는 것은 아니다. 당신의 말이 끝나기를 기다리다가 상대방이 지쳐서는 안 되지 않는가. 당신의 속도를 따라가기 버거울 때 상대방은 길을 잃을 수 있다.

마찬가지로 대답할 때의 속도도 걸림돌이 될 수 있기 때문에 조심해야 한다. 충분한 시간을 두고 상대방의 얘기를 경청하고 메시지를 살펴보는 대신 대부분의 사람은 빨리 대답하고 끼어드는 경향이 있다. 말하기 전에 여유를 두면 충분한 시간을 갖고 상대방의 메시지를 제대로 이해하고 해석할 수 있음은 물론 의사소통의 오류를 최소화하는 명확하고 간결한 답을 심적으로 준비할 수 있다. 당신이 무슨 말을 하려는지 알지 못한다면 어떻게 제대로 된 답변을 할 수 있겠는가? 고대 그리스 철학자 에픽테토스의 명언은 이를 상기시킨다.

"우리 귀가 두 개이고 입이 하나인 이유는 말하는 것의 두 배로 듣도록 하기 위함이다."

경청에 대한 이 생각은 내가 먼저 한 줄 알았는데 말이다.

단어 선택을 더욱 의식하라

다른 사람과 소통할 때 메시지가 잘 전달되는지의 여부는 어떤 단어를 선택하느냐에 달렸다. 우리의 생각과 의견은 중요하고 엄청난 가치를 갖고 있다. 우리는 이것을 어떻게 전달할지를 알아야 한다. 우리가 내뱉는 단어들이 상대에게 어떻게 해석되는지에 대해 민감하다면 단어들이 우리의 입에서 나오기 전에 내부에서 필터링을 거쳐야 한다. 어떤 톤으로 말하는지에 따라 상대방에게 비난의 어조로 들릴 수도 있는 '네가'는 의식적인 소통을 연습할 훌륭한 시작점이 될 수 있다.

예를 들어 보겠다. "며칠 전에 '네가' 한 말 때문에 정말 화났어"라고 말한다면 듣는 사람은 자신이 맹공격을 당한다는 느낌에 자칫 호전적으로 답변할 수도 있다. 하지만 책임을 묻는 '네가'를 빼고 다음같이 말한다면 어떨까?

"며칠 전의 대화 말이야. 같이 그 문제를 해결할 수 있을까? 이 사안이 발전적인 방향으로 가게 할 수 있을까 고민했어."

이 방법을 쓰면 당신 감정에 대한 방어적 해석의 가능성을 없애고 당신의 감정 또한 고려하며 건설적으로 다음 단계를 위해 문을 활짝 열어 두게 된다. 당신의 단어 선택을 더욱 의식하면서 말이다.

분위기를 파악하고 상황에 맞춰 대응하라

성공적인 소통이 전부는 아니다. 분위기를 파악하고 주어진 상황에 적응할 수 있는 능력이 필요하다. 이는 기준을 찾고, 다른 사람들이 사용하는 비언어적인 신호를 알아차리고, 대화를 적정한 속도로 이끄는 사람을 본받고, 대화 중 당신이 상대방의 이야기에 경청하고 상대방의 가치를 인정하고 있다는 느낌을 받을 때와 그러지 않을 때 보이는 반응에 주의하는 것을 의미한다.

매니저가 된 초창기에 영업 사원을 위한 지원 및 자원의 새로운 전략 구축을 고심했던 나는 기존의 방법을 고수하던 이들의 심한 반대에 또다시 부딪혔다. 나는 새로운 아이디어로 무장한 채 또 하나의 기회를 만들 수 있다는 생각에 신났다.

'봐줄 사람은 여기 아무도 없어. 그냥 밀어붙이는 거야. 할 일만 제대로 하면 돼.'

그때 수많은 회의를 통해 사람들과 많은 소통을 했다. 건설적인 소통에 대해 많은 것을 배울 수 있는 기회였다. 어떤 사람들은 이미 정해진 의견과 태도로 당신에게 달려드는데 이 경우는 대개 그들이 회의실에 들어서자마자 알 수 있다. 다른 사람의 소통 스타일이 당신의 문제는 아니다. 당신은 어떻게 반응할지, 어떤 이야기를 할지에 대해서만 책임지면 된다. 쉽지 않았지만 나는 이 두 가지 측면에서 접근하려고 노력했다.

어떤 사람은 내 접근 방식에 주눅이 들거나 내 리더십 스타일에 회의적이었다. 이유야 뭐가 됐든 가능한 한 최대한 건설적이고 개방적인 통신망을 갖추려고 노력했다. 아무 이유 없이 연결을 끊는 것은 생각조차 하지 않았다. 오늘 당신이 만난 사람은 앞으로 언젠가 보게 될 가능성이 크다. 그렇기에 공통의 관심사를 찾으며 조금만 노력을 해서 최소한의 예의를 지키는 것이 좋다.

소통이 어려운 순간에 좌절하기도 했지만 나는 방어적인 자세를 취하고 싶다는 욕구를 떨쳐 냈다. 그리고 그들의 이야기를 끝까지 들었다. 그들이 끝까지 말하게 했으며 내가 대답할 기회를 기다렸다. 그들이 하려는 말을 듣기 위해 정말 노력했다. 단어뿐만이 아니라 그들이 표현하려는 것을 듣기 위해서 말이다. 그들이 철저히 비건설적인 얘기를 하면 나는 고개를 들고 끝까지 들었다. 대화의 방향을 바꿀 수 있을 가능성이나 기회가 있거나 더 긍정적인 방향으로 마무리할 수 있을 때는 그렇게 하기 위해 노력했다. 단 상대방이 내게서 부정적인 반응을 끌어내기 위해 노력할 때는 대응하지 않았다.

결론적으로 프로다운 태도와 생산적이고 정중한 자세를 고수하려는 내 노력은 성공적이었다. 결전의 장에 가서 분위기를 파악하라. 단 당신이 아닌 다른 어느 누구도 당신의 입이 될 수 없다는 사실을 명심하라. 무엇이 당신 앞에 나타나도 침착함을 유지하고 당신이 사용하는 단어에 주의를 기울여라. 그러면 절대 손해 보지 않을 것이다.

적응하는 것이 가짜 행세를 한다는 의미는 아니다. 오히려 그 반대다. 언제 어떻게 적응해야 하는지 안다면 당신은 관여된 모든 사람에게 최선인 결과를 도출하는 데 신경 쓰면서도 본연의 모습을 보여 주고 싶을 것이다. 같은 맥락에서 계획이 틀어질 경우 중심축 변경을 위한 대비를 항상 해야 한다. 그리고 현장 상황에 따라 우리의 소통 스타일을 확실히 인지하고 유연성을 갖고 이를 조정할 필요도 있다. 목적 있는 소통을 모든 일의 중심에 두면 적응성이 효과가 있을 수 있다.

분위기를 파악하고 언제 어떻게 융통성을 발휘하는지를 아는 것이 쉬운 습관은 아니다. 일적인 관점에서든 개인적인 관점에서든 이 기술은 시간과 노력, 수많은 시행착오를 거쳐 형성되는 것이다. 우리 대부분은 소통 기술을 완벽하게 통달하지는 못하겠지만 한 가지는 확실하다. 당신이 세상과 어떻게 소통할지 노력한다면 세상도 당신과 어떻게 소통할지 노력할 것이다. 자, 그러면 이제 습관을 실천해 보자.

기적이 일상이 되는 순간

오늘 직장에서 혹은 집에서 어떻게 소통할 것인지 커뮤니케이션 스킬을 작성해라. 당신과 상대방이 사용하는 비언어적 신호들을 기록해 둬

라. 발화 속도에 주의를 기울이면서 어느 지점에서 너무 빠르고 너무 느린지를 적어라. 상대방이 말하는 도중 언제 당신이 불쑥 끼어드는지를 체크해라. 분위기를 파악한 후, 당신의 소통 기술을 어떻게 조정하면 더 좋을 것 같은지 당신에게 질문해라.

10

좋아하는 것을
찾아서 하라

·

활력 보충하기

에너지는 창조력의 열쇠다. 에너지는 인생의 열쇠다.

윌리엄 샤트너(영화배우)

당신은 하루에 몇 번 휴대폰을 충전하는가? 전자 기기 리모컨의 건전지를 얼마나 자주 교체하는가? 똑똑한 구글 홈 스마트 기기도 충전을 해야 작동한다. 어느 것도 영원히 지속되지 않는다. 광고주가 건전지의 수명에 대해서 뭐라고 설명하든 에너자이저 버니도 언젠가는 닳기 마련이다. 지구상의 모든 것은 어느 정도의 외부 전력을 필요로 한다. 수십억 인류가 사는 지구만 해도 태양의 에너지 없이는 작동할 수 없다.

상상해 봐라. 너무나 강력하고 거대한 것도 주요 에너지원 없이는 한없이 연약할 수 있다. 무엇이든 지속되기 위해서는 그것보다 강력한 무언가가 필요한 법이다. 이는 지구상에 살아 있는 모든 생명체에 해당하는 말이다.

세상이 점점 더 빠르게 돌아가는 오늘날, 사회는 우리가 에너지를 어떻게 생성하는지 혹은 어떻게 보충하는지에 그 어느 때보다 큰 가치를 둔다. 우리는 활력 충전을 위해 에너지 음료를 살 수 있다. 일상을 지속하기 위해 운동 루틴을 만든다. 팟캐스트를 듣고 책을 읽고 동기 부여 세미나에 참석하며 에너지 집중을 테마로 한 여행을 할 수도 있다. 그러고 보니 에너지 관련 비즈니스가 호황 중이다.

처음의 활력이
유지되지 않는 이유

그런데 우리는 에너지원을 보충하면 할수록 뒤처지지 않기 위해 남들을 따라 해야 한다는 생각에 사로잡히는 것 같다. '셀럽'에 중독된 오늘날의 가장 대표적인 예로는 '카다시안 따라잡기'와 〈진짜 주부들(Real Housewives)〉이 있겠다.

소셜 미디어는 세상에 무한한 에너지가 존재하며 그것이야말로 성공의 열쇠라고 믿게 한다. 우리는 자연스레 이런 과장 광고에 설득되고 자신을 타인들의 비현실적인 기준에 끼워 맞춘다. 나 빼고 모두가 최고의 인생을 살 수 있는 열쇠를 쥐고 있다고 믿으며 특별한 만트라, 보충제, 핫 요가 수업, 에너지바가 남들을 따라잡을 수 있게 도와주는 마법의 약이 될 것이라고 믿는다. 하지만 결국 에너지를 소진하고 당혹감과 실망감을 느낄 뿐이다. 정신을 붙잡고 핫 요가를 하느라 많은 시간을 썼건만 어째서 에너지를 유지하는 데 실패할까? 에너지바는 왜 내게 활력을 주지 못할까? 카페인도 정말 계속 먹으면 면역이 생기는 걸까?

식습관과 운동에서 활력을 찾는 사람이 많다. 이 두 요소가 에너지 수준과 전반적인 건강에 확연한 차이점을 가져다주는 것은 사실이다. 건강한 음식과 운동은 일상에서 신체적인 에너지 공급을 뒷받침하는 좋은 출발점이 될 수 있다. 하지만 이것은 '열정'이라는 단어를 염두에 둘 때 재미있게 할 수 있는 것이나 맨 처음 떠올리는 것은 아니다.

내가 특별한 운동 루틴을 갖고 있는 것은 아니다. 하지만 5분간의 스트레칭을 위해 매트에 몸을 누이는 내 소박한 운동 루틴은 매일 내게 주어지는 24시간을 열심히 움직이게 하는 동력이라는 것을 잘 안다. 그리고 나는 긍정적인 방향으로 내게 영향을 주는 모든 것에 열정적이다. 물론 좋은 보충제, 좋아하는 커피 한 잔(나는 네스프레소를 정말 좋아한다. 게다가 조지 클루니가 광고하는 커피라니!), 귀를 사로잡는 팟캐스트, 영감을 주는 책, 동기 부여 세미나 등 이 모든 것이 도움이 될 수 있다. 게다가 기운을 돋우는 음료수를 말하자면 끝도 없을 정도로 많은 제품이 있다. 시간이 흐르면서 어떤 것이 내게 잘 맞는지 또 맞지 않는지 파악한 지금의 나는 하루하루의 일상에 최대한 유익한 요소들을 반영하고자 노력한다.

하지만 앞서 말한 에너지 팁들은 진정한 활력 보충에 극히 일부만을 담당한다. 성공적인 하루를 보내기 위해 필요한 에너지는 당신 중심에서 나와야 한다. 최고의 에너지원은 당신의 영적 에너지이며 그것은 늘 당신 안에 있다.

좋아하는 것을 하면 에너지는 따라온다

내가 하는 말을 잘 듣기를 바란다. 당신 자신보다 더 큰 무언가를 위해 노력하면서 얻는 에너지만큼 더 강력한 에너지는 없다. 큰 그림에 대한 얘기다. 당신이 앞으로 나아갈 수 있게 하는 그 무언가 말이다. 매일 아침 당신을 침대 밖으로 끌어내는 강력한 그것 말이다.

진부하게 들릴 수도 있지만 진실 하나를 말하겠다. 당신이 좋아하는 것을 하면 에너지는 그저 따라오게 돼 있다. 직장과 집에서 하는 일의 모든 면을 하나부터 열까지 좋아하라는 의미는 아니다. 핵심은 스스로를 위해 노력하는 당신의 인생이 옳은 방향으로 가고 있다고 깨닫는 것이다. 당신이 하는 것에 열정을 갖고 당신의 역할에 진심으로 임하기 때문에 깨닫는 것이다. 이 열정을 찾는다면 바로 그것이 내면의 에너지원이 부족하다고 느껴지는 순간들을 잘 헤쳐 나가게 하는 동력이 될 것이다.

무엇이 당신의 마음을 이끄는가? 오늘 당신의 미션은 무엇인가? 당신 인생의 미션은 무엇인가? 무엇이 당신에게 영감을 주는가?

당신이 두려워할지도 모르지만 반드시 해야만 하는 의무들과 당신의 어깨를 짓누르는 다른 책임들 사이에서 현실이 늘 즐거운 것은 아니다. 그러나 우리가 잔뜩 기대하는 것들을 위해 힘을 내는 것은 어렵지 않다. 특히 이것들이 최종 목표로 가는 데 발판이 될 수 있다는 사실을 알면 더더욱 힘이 솟는다. 즐거운 순간들 사이에서 힘든 일을 만나는 순간이야말로 우리 내면의 동력을 시험할 수 있는 시험대인 것이다.

이것만은 알았으면 한다. 확실한 목적, 목표와 함께 의도가 있는 삶을 산다면 그동안의 모든 노력과 희생에 균형이 잡힐 것이다. 존재조차도 몰랐던 에너지의 비축량을 발견하게 될 것이다. 그리고 당신이 쉼 없이 좇고 있는 것을 시각화하고 마침내 그것이 당신 가까이 왔을 때 열정과 의지를 갖고 임할 수 있을 것이다.

그러면 기운이 하나도 없을 때 어디서 어떻게 매번 에너지에 불을 지펴 줄 열정을 찾을 수 있을까? 첫 번째 조언은 잠시 한 발짝 뒤로 물러나 당신의 의도들을 살피는 것이다. 하루 동안 펼쳐질 모든 시나리오의 주인은 바로 당신이다. 장애물과 푹 파인 도로를 예상하지 못한다고 해도 이제 어떤 길을 갈지는 운전대를 잡은 당신에게 달렸다.

서로 비슷한 에너지끼리 모인다

영감과 힘, 에너지를 얻기 위해 당신 주위를 살필 수도 있다. 내 주위에 나와 생각이 비슷한 사람들, 즉 비슷한 가치관과 태도를 가진 사람들이 있다는 것은 참 행운이다. 하지만 생각이 비슷한 사람을 곁에 두는 일은 그저 기분 좋은 우연으로 만들어지지 않는다. 집에서도 직장에서도 나는 의식적으로 긍정적이고 발전적인 관계를 형성했는데 어느 날 보니 너무 감사하게도 그런 관계에서 만난 사람들이 내 주위에 있는 것이 아닌가. 당신 곁에 가장 많이 있는 사람들의 에너지가 합해지고 당신의 하루와 당신의 인생을 만드는 데 발휘되는 외부 영향들이 합해져서 지금의 당신이 만들어진 것이다.

당신이 선택한 주변 사람들이 몇 안 된다면 팬데믹을 겪는 동안 많은 사람이 그랬듯이 스스로 자신을 돌보면서 에너지를 자신으로부터 찾을 수도 있다. 자기 돌봄을 잘 실천하고 있다면 말이다. 당신은 자신에게 아주 엄격한 사람인가, 아니면 사기를 높여 주는 사람인가?

에너지는 전염성이 있다. 특히 집에서 그렇다. 하루를 어떻게 시작하는지, 그리고 어떻게 마감하는지는 당신의 공간인 집에서 여실히 드러날 것이다. 에너지는 이 방에서 저 방으로 전달되며 당신에게 계속 영향을 줄 뿐 아니라 당신 인생을 공유하는 가족들에게도 직접적으로 영향을 미친다. 직장에서 스트레스를 받고 녹초가 됐다 한들 나는 집에 있는 가족들 품으로 돌아올 때는 최상의 컨디션을 유지하려고 애쓴다. 가족들과 함께 시간을 보내면서 그들이 내게 주는 사랑과 영감을 통해 에너지를 다시 충전하면서 말이다.

하지만 내가 늘 그랬던 것은 아니다. 다른 사람들처럼 하루 종일 힘겨워하며 독이 되는 스트레스의 함정에 빠지기도 했다. 값비싼 대가를 치르고야 배운 것이 있으니 그것은 바로 의식적으로 에너지를 보호하지 않으면 두려움의 늪에 빠지게 된다는 사실이다.

부정적인 경험으로 얻은 교훈

30대 중반이 됐을 때였다. 나는 결혼도 하고 이미 세 명의 아이를 둔 엄마였다. 전반적으로 봤을 때 집과 직장에서의 문제와 더불어 독립을 향한 필요가 강했던 시기에 나는 행복하지 않았다. 나는 천천히 내게 독이 되는 사람들과 어울리기 시작했고 겉보기에는 해가 되지 않을 것 같은 사회적 행동들에 나를 허용했다. 건강에 나쁜 습관에 빠지고 옳지 않은 결정에 휩쓸리기 시작했다.

그러다 정신이 퍼뜩 드는 사건이 있었다. 그날을 절대 잊을 수 없을 것이다. 집에 있는데 '독이 되는 친구들' 중 한 명이 찾아왔다. 현관문에 선 채 그녀의 이야기를 들었던 장면이 기억난다. 동년배에다가 나처럼 아이를 둔 그녀는 남편이 낚시하러 가서 집에 혼자 있기 심심하니 말동무를 해 줬으면 좋겠다고 했다. 나는 생각했다. 그럼 그녀의 차에 올라타 근처에서 담배도 살 겸 잠시만 나갔다 올까?

사회적인 행동의 하나였던 음주가 요즘 들어 그녀에게 습관이 돼 가고 있다는 사실을 인지하고 있던 터였다. 그럼에도 이 순간 내게 필요한 것은 일탈이라며 고민할 겨를도 없이 한평생을 후회할 결정을 해 버렸다. 나는 조수석에 올라탔고 그렇게 우리는 '잠깐 볼일을 보기 위해' 출발했다. 운전대를 잡은 그 친구는 기뻐하며 웃었다. 함께하는 그 순간 후련함을 만끽했던 것이 생생하게 기억난다.

길가에 주차된 은색 대형 트럭이 희미하게 보였다. 운전석에 있는 그녀가 내 생각보다 더 취했다는 것을 알게 됐을 때 그녀의 웃음소리가 왠지 모를 불안감을 야기한다는 사실을 나는 직감적으로 알았다. 하지만 때는 너무 늦었다. 그녀는 조금 전 내 눈에 들어왔던 그 트럭을 향해 갑자기 돌진했다. 귀청이 찢어질 듯한 소리가 들렸다. 엄청난 굉음과 충격, 저항할 수 없는 압박이 내 몸을 관통했다. 그녀가 트럭을 향해 돌진했을 때 차는 트럭의 끝 하단부에서 멈췄고 조수석에 앉아 있던 내가 대부분의 충격을 받았다.

나는 사고로 성가신 타박상에다 골절상까지 당하며 심각한 부상을 입었다. 반면 운전자는 멀쩡하게 걸어서 차 밖으로 나왔다. 한 가지만 말하겠다. 여전히 충격적인 그 '잠깐 볼일 보기' 경험 후에 나는 단 한 사람에게 화가 났다. 바로 나 자신이었다. 사고 후 신체적으로 회복하면서 나는 그날의 사고를 상기하며 파고들기 시작했다. 내게 일어난 일의 책임은 내게 있었다. 내가 그 차 문을 열었기 때문이었다. 말 그대로 문젯거리가 될 문을 내가 스스로 연 것이었다. 그러면 안 된다는 것을 알고 있지 않았던가! 정신이 멀쩡한 사람이라면 술에 취한 사람이 운전하는 차에 올라타지 않았을 것이다. 어째서 내가 그런 행동을 했을까?

지나고 나서야 문젯거리가 될 문을 이미 오래전에 열었다는 사실을 깨달았다. 독이 되는 삶을 살며 자신들의 그 작은 세계에 온 나를 반기고 환영했던 사람들과 어울리며 시간을 보내는 등 이중생활을 시작했던 것이다. 어느 순간부터 나 자신을 잃어버렸다. 분별력을 잃고 결국 비참하게 사는 사람들을 맹목적으로 믿으며 그들과 시간을 보냈다.

돌이켜 생각해 보면 누가 생각해도 그 차에는 절대 올라타서는 안 됐다. 당시 친구였던 그녀가 사고로 다치지 않았고 시간이 지나면서 내 부상도 회복됐음에 감사하다. 하지만 그날 얻은 교훈은 여전히 뇌리에 박혀 있다. 에너지는 비슷한 에너지를 끌어들이는 경향이 있다. 그 차로 나를 이끈 것은 내 혼란스러운 정신 상태였다.

그날의 선택, 그곳으로 나를 이끈 것에 대한 모든 책임은 내게 있었다. 그 경험을 통해 얻은 다른 중요한 교훈이 있다. 바로 올바른 사람들이 긍정적이고 건강한 방법으로 내게 기운을 주듯 잘못된 사람들과 상황들이 내 에너지를 고갈시킬 수 있다는 것이다.

에너지 뱀파이어를 경계하라

에너지 뱀파이어들을 조심해야 한다. 이들은 작정하고 나쁜 에너지를 전파하며 끊임없는 험담과 상대방의 진을 빼는 대화를 이어 간다. 이들이 꼭 나쁜 사람인 것은 아니다. 하지만 이들은 대개 자신의 문제를 회피하기 위해 타인을 평가하고 타인의 불행을 섣불리 위로하는 등 다른 사람의 삶에 너무 빠져 있는 나머지 당신을 불행의 늪으로 빠뜨릴 수 있다. 뼛속까지 우울한 이런 사람들은 자신의 나쁜 기운을 당신에게까지 퍼뜨린다. 누구보다도 내가 인정할 수 있다. 흥미진진한 가십이 재미있을 수 있지만 에너지 뱀파이어들은 가십만이 유일한 이야깃거리인 것 같다. 그들은 타인이 겪는 고통으로 에너지를 충전하고 자신과 타인의 상황을 비교하며 자신들의 이미지가 더 낫다는 사실에 기뻐한다. 또한 종종 불친절하고 잔인하다.

당신의 궤도에 이런 종류의 에너지는 필요 없다. 이런 타입의 사람들은 어떤 상황에서든지 부정적인 면을 찾아낸다. 태어날 때부터 피해자이며 잘못은 모두 다른 사람들 탓이다. 어떤 상황에서도 절대 그들 잘못은 없다. 그들의 접근을 완전히 차단할 수 없다면 경계선을 설정해서 그들의 부정적인 기운에 휩쓸리지 않도록 해라. 그들이 멈추지 않는다고 해서 당신이 독이 되는 회오리바람에 뛰어들 의무는 없다.

여름마다 우리 가족이 시간을 보내는 별장에서 알게 된 이웃 부부가 떠오른다. 그 부부는 보트며 제트 스키 등 당신이 상상할 수 있는 최고급 장치에 여름을 만끽할 수 있는 것이라면 모두 갖추고 있었다. 그들의 별장은 최고의 여름을 보낼 수 있는 지상 낙원이었다. 어느 주말에 호수에 있는 이웃들끼리 모여 포트럭 파티를 열었는데 이 부부가 파티를 위해 어마어마한 음식을 제공했다. 나는 이렇게 생각했다.

'너무 멋있다! 이 사람들은 성공한 데다가 관대하기까지 하네. 자신의 시간을 진심으로 즐기며 사람들에게 이렇게 좋은 공간을 제공하다니.'

이런 호의를 어느 누가 마다하겠는가? 참으로 즐거운 시간을 보냈다. 우리가 운이 좋다고 생각했고 그들의 관대함에 감사했다. 이렇게 너그러운 이웃이 나쁜 기운을 품을 것이라고는 누구도 생각하지 않을 것이다. 그런데 이렇게 멋진 삶을 모두가 부러움 없이 보지는 않는다. 인생은 예상하는 대로 흐르지 않듯이 부정적으로 말하는 사람이 꼭 한 명 있기 마련이다.

그다음 해 봄이었다. 그날을 생생히 기억한다. 평소 남에 대해 말하기를 즐기던 한 이웃이 신이 나서 "대박 뉴스"라며 말을 전했다. 부유하고 너그러웠던 그 부부가 힘든 시기를 겪었다는 내용이었다. 들리는 말에 의하면 그들은 돈 문제로 이혼까지 갈 상황에 있다고 했다. 이 소문의 어느 부분도 우리가 상관할 문제가 아니었다. 다른 사람의 불행에서 재미를 찾으려는 그를 보며 반감을 가질 수밖에 없었다. 타인의 친절과 너그러움을 그저 받기만 했던 사람이 정작 그 사람이 어려운 시기를 겪을 때는 그 상황을 오히려 즐기는 것도 모자라 세상에 알리지 못해 안달 내는 것을 보는 것은 정말 곤욕이었다. 본인과는 전혀 상관없는 소문을 흘리는 이 사람의 얘기를 듣는 것만큼 민망한 순간이 없었다. 이 이야기가 우리에게 주는 교훈은 무엇일까?

에너지 뱀파이어와 어울리며 당신의 소중한 시간과 에너지를 낭비하지 마라. 그들이 입에 올리는 것 중 어느 것도 당신에게 득이 될 것이 없다. 게다가 인생은 짧다. 타인에게 친절해라. 타인이 잘 되기를 바라라. 그리고 당신 자신의 일을 고민해라. 당신과 아무 상관없는 타인이 아닌 당신과 관련된 일에 신경 써라.

집은 충전의 공간이어야 한다

에너지 뱀파이어에 더해 당신이 조심해야 할 것이 또 있다. 그것은 당신이 가장 편안하게 느끼는 공간인 집과 관련이 있다. 집이라는 공간에는 대개 좋은 의도와 사랑을 기반으로 한 에너지가 흐른다. 그러나 집에서 평소와 다른 점이 느껴지고 그것이 우리의 신체적·정신적 건강에 해를 끼칠 때는 그것을 알아차리고 이런 에너지가 우리에게 어떤 영향을 주는지 인지해야 한다.

코로나19가 유행하면서 많은 사람이 활기 있고 에너지 넘치는 생활을 유지하기 유독 어려워졌다. 무엇보다도 일과 가정을 분리하는 것이 힘들어졌기 때문이었다. 일상에서 가장 중요한 두 가지 요소의 경계가 모호해지면서 일과 가정의 균형을 찾고 시간과 공간을 내 재충전하는 일이 어려워졌다.

일반적으로 우리는 집을 휴식을 취하고 충전할 수 있는 곳이라고 여기지만 동시에 집은 가정마다 있는 특별한 상황에 가장 많은 에너지를 쏟는 곳이기도 하다. 또한 가장 솔직하고 꾸미지 않은 날것의 자신을 볼 수 있는 곳이기도 하다. 가정이 중요한 만큼 가정에서 받는 스트레스는 다른 활동 영역에서 받는 것보다 훨씬 크기 마련이다.

2020년, 우리에게 집은 24시간 하루 종일 운영되는 사무실, 체육관, 교실, 어린이집, 심지어 저녁 데이트 장소로 바뀌었다. 어떤 사람들에게는 집이 더 이상 건강한 곳이 아니라 독이 되는 장소가 됐다. 한편 누군가에게는 사람들과의 연결이 다시 가능해지게 한 공간이기도 했다. 페이스타임과 줌으로 사람들과 일상을 공유하면서 이전에 있던 소통의 문제점을 해결하고 서로의 루틴을 조절하기 위해 노력했다. 코미디언이자 영화배우인 엘렌 디제너러스 같은 유명 연예인들은 집 거실에서 인터넷에 접속한 채 관객과 만나기도 했다. 사회적 거리 두기를 위해 제작자들은 마당에 자리 잡게 하고 말이다.

팬데믹 기간에 집이 긍정적인 영향을 받았든 부정적인 영향을 받았든 간에 한 가지 명백한 사실은 우리 개인적인 에너지의 소모가 확실히 많았다는 것이다. 이로 인해 우리는 지금까지 새롭고 지속적인 생활 방식을 찾을 수밖에 없게 됐다. 이제 어느 정도 이전 같은 정상적인 생활로 돌아온 지금, 팬데믹 때 얻은 교훈으로 집과 가족의 풍경을 다시 그리는 기회는 우리의 에너지에 실보다는 득이 될 것이라고 믿는다. 다시 말하자면 우리가 집이라는 공간에서 얼마나 자신의 자원을 고갈시키는지에 대해 충분히 인지해야 한다.

많은 사람에게 가족은 삶에서 가장 중요하다고 간주되며 우리는 가족을 위해서라면 전부 주는 것을 목표로 한다. 하지만 당신이 갖고 있지 않은 것을 줄 수는 없는 법이다. 만약 당신이 모두를 기쁘게 하기 위해 밤낮없이 무리해서 일을 하고 있다면 잠시 숨을 고르고 현 상황을 점검할 필요가 있다. 당신이 집에서 지는 부담을 다른 가족 구성원과 나눌 수는 없을까? 한 발짝 뒤로 물러나 자신에게 휴식의 시간을 주는 것은 정말 무리일까? 기본적으로 우리는 가족에게 최선의 사랑을 준다. 하지만 건강한 경계선을 정해 조금 더 균형 잡힌 환경의 집을 조성하면 집에서도 충분히 즐거운 시간을 보낼 수 있다는 사실, 특히 당신의 가족과 시간을 보낼 수 있다는 사실을 발견할 것이다.

에너지를 끌어올릴
비상 대책을 마련하라

앞서 말했듯이 열정이 있으면 에너지가 생기기 마련이다. 당신의 가장 큰 열정 중 하나인 가족은 당신의 연료를 채워주는 주체이기도 하다. 그런데 만약 당신에게 에너지를 주는 열정을 찾지 못했다면 어떻게 해야 할까? 당신은 무엇으로 충전될 수 있을까?

우리는 모두 각자의 속도로 자신의 여정을 가고 있다. 아직 자신의 목표를 활용하지 않았다는 사실을 인정하는 것이 가장 중요한 첫 번째 단계다. 그다음은 시간과 노력을 들여 당신이 인생에서 원하는 것이 무엇인지를 발굴해라.

무엇이 당신을 기분 좋게 하는가? 당신이 살아 있음을 느끼게 하는 것은 무엇인가? 무엇이 당신을 긴장시키는가? 무엇이 당신을 컴포트 존에서 벗어나게 할 수 있는가? 당신에게 성공은 어떤 의미인가?

열정을 찾는 것은 평생이 걸리는 숙제일 수도 있다. 하지만 당신의 에너지원을 찾는 데는 평생을 기다릴 필요가 없다. 그것을 이루는 과정만으로도 많이 힘이 될 것이다. 물론 당신의 의도가 당신을 이끌어 주고 에너지를 공급하고 당신이 집중할 수 있게 도와줄 것이다.

그러는 동안 관심을 가져 볼 만한 다른 에너지원과 전략도 많다. 자칫하면 주변에 있는 모든 것이 당신의 에너지를 소모할 수 있는 세상에서 지금 당신에게 필요한 것은 당신 스스로가 자신의 동력원이 되는 것이다. 앞으로 나아갈 힘과 능력을 주는 주체가 당신 자신인 것이다. 스스로의 든든한 지원군이 돼 정해 놓은 경계선을 잘 유지해라. 앞에서 본 것처럼 아주 사소한 것이 차이를 만든다. 에너지를 끌어올리는 것을 일상 습관으로 만들 수 있는 신속한 전략 몇 가지를 준비해 놓는 것은 언제나 유용하다.

예시1: 찬물로 샤워하라

내가 쓰는 비결을 하나 알려 주자면 찬물로 샤워하는 것이다. 농담이 아니다. 찬물 샤워는 혈액 순환을 촉진하며 맑은 정신을 유지하도록 도와준다. 스트레스 지수를 감소시켜 면역 체계를 개선하고 체중 감소에도 효과적이다. 생각만 해도 몸이 으스스 떨리지만 이 모든 장점을 고려하면 단 1분이라도 좋으니 찬물 샤워를 당신의 샤워 루틴에 추가해 볼 가치가 있다.

예시2: 마음이 편안해지는 리추얼을 마련하라

또 다른 비결이 있다면 당신의 재충전을 도와줄 몇 가지 개인적인 리추얼을 매일 실천하는 것이다. 유독 깊게 영감을 받아 휴대폰에 급히 메모했던 좋은 문구를 읽거나 암송하는 것이 될 수도 있고 나중에 들으려고 저장해 놨던 동기 부여 오디오 클립을 듣는 것이 될 수도 있다. 아주 간단하고 짧아도 괜찮다. 거창하지 않아도 된다. 음악을 틀고 양초를 켜는 등 당신이 평소에 좋아했던 것들로 그 순간 편안하게 집중할 수 있는 분위기를 만드는 것만으로도 재충전할 수 있을 것이다.

예시3: 이곳의 고민을 저곳으로 가져가지 마라

에너지를 끌어올리는 것만큼이나 중요한 것이 에너지를 유지하는 것이다. 내가 알려 줄 세 번째 비결은 바로 에너지 유지에 관한 것이다. 우리 회사의 사무실에는 이런 글귀가 붙어 있다.

'들어올 때 가방은 입구에 두고 오세요.'

퇴근해서 집에 갈 때는 직장에서 있었던 문제를 절대 들고 가지 말라고 말하고 싶다. 집에서든 직장에서든 외부에서 있었던 문젯거리를 들고 가는 습관을 들이면 스스로에게 딴생각을 해도 된다는 핑계를 줄 뿐더러 당신이 가져온 나쁜 에너지가 내부에 있던 긍정적인 에너지를 방해한다. 생활을 확실히 구분하는 습관을 들이면 각 구역에서 일어나는 일에 서로 영향을 받지 않을 수 있다. 경계를 구분한다면 어떤 환경에서 다른 환경으로 가는 것이 구분돼 압박감이 더해지는 것을 피할 수도 있다.

당신이 가진 문제점에서 도망갈 수는 없다. 그렇다고 모든 문젯거리의 무게를 고스란히 느끼며 하루 종일 압박감을 떠안고 살 수도 없는 노릇이다. 적당한 공간과 시간에서 할 수 있는 만큼만 문제를 해결하되 인생의 모든 문제를 해결하려 하지는 마라. 건강한 경계선을 정하고 다른 사람들이 당신에게 어떤 영향을 끼치는지 인지하면서 당신의 분별력과 당신의 공간, 당신의 에너지 비축량을 보호해라.

예시4: 항상 긍정적으로 살아라
마지막으로 항상 긍정적인 태도를 취할 것을 권한다. 실패를 겪어도 긍정적으로 대처하고 자신을 마음껏 비웃어라. 당신에게 필요한 것은 모두 당신 안에 있다. 당신은 지금까지 겪었던 인생 최악의 날들을 잘 견디고 살아남았다. 이제 당신은 잘 될 일만 남았다!

기적이 일상이 되는 순간

내면에 있는 것들로 당신을 충전하는 일을 실천해라. 당신에게 활력을 주는 사람들을 식별해라. 직장과 집에서 당신의 에너지를 갉아먹는 요소를 찾아라. 그리고 많은 시간과 돈을 들이지 않고 바로바로 당신의 에너지를 충전해 줄 간단하고 매일 할 수 있는 자기만의 리추얼을 만들어라.

11

소셜 미디어
사용을 제한하라

·

일상의 주도권 되찾기

소셜 미디어에서 배우는 것도 없고, 웃지도 않거나,

영감을 받지도 않고, 교류하지도 않는다면,

당신은 소셜 미디어를 잘못 사용하고 있는 것이다.

저머니 켄트(저널리스트)

최근 약 1년간 소셜 미디어 사용을 중단한 적이 있다. 개인
계정을 사용하지 않고 잠시 휴면 상태로 뒀다. 코로나19가 한
창 유행 중이었고 소셜 미디어 플랫폼의 사용량이 역대 최고
기록을 달성하고 있었다. 그때 나는 건강에 대한 불안을 필두
로 다른 여러 문제를 처리하는 중이었고 솔직히 말해 소셜 미

디어가 부담스러워지기 시작했다. 소셜 미디어는 나를 계속해서 진짜가 아닌 방향으로 이끌었다. 진짜가 아니면 그곳에 올리고 싶지 않았다. 그래서 휴식을 취하기로 했다. 그런데 아무 일도 일어나지 않았다!

잠시 이별해 있는 동안 나는 소셜 미디어 세계에서의 내 공간이 어떤 모습이기를 원하는지에 대해 재평가할 수 있는 시간과 여유를 가질 수 있었다. 소셜 미디어에서 내 위치를 파악하기까지는 잠시 쉬는 것이 현명한 결정이었다.

당신에게 소셜 미디어란 무엇인가?

소셜 미디어에서 내 부재를 알아챈 사람들은 나를 궁금해하기 시작했다. 솔직히 내 부재를 알아보는 사람들이 있어 으쓱해진 것은 사실이다. 소셜 미디어에서 나와 교류하는 사람들은 대부분이 개인적으로나 일적으로나 내 '진짜 생활'에 익숙한 이들이라서 그들이 나를 궁금해하는 것은 당연했다. 사람들이 언제 다시 재미있는 동영상과 글을 올리냐며 물어볼 때면 당연히 기분이 좋았다. 하지만 소셜 미디어가 내게 어떤 의미인지에 대해 여전히 파악할 시간이 필요했다.

그 당시 전 세계의 소셜 미디어 이용자는 약 35억 명이었다. 전 세계 인구의 절반과 맞먹는 수치다. 거짓말 안 하고 지구에서 숨 쉬고 있는 인구의 절반이 온라인상에 존재하고 있다는 것이다.

최초의 소셜 미디어 플랫폼 식스디그리즈(SixDegrees)가 등장했던 때를 기억이나 하는 사람이 있을지 모르겠다. 그 후로 고작 20여 년 만에 소셜 미디어가 우리의 일상이 돼 버린 과정을 보면 가히 놀랍기 그지없다. 온라인 소셜 네트워크는 당시 모두에게 너무나도 생소한 개념이었는데 불과 30년 만에 우리는 전 세계적으로 자신의 세계를 온라인에서 나누는 세상에 살고 있다.

원거리 연결은 사람들의 사회적 상호 작용의 판도를 완전히 바꿔 놨다. 처음에는 소셜 미디어가 내 생활에서 할 수 있는 역할이 있을지, 꼭 필요한지에 대해 주저했던 것이 사실이다. 그런데 이제는 상황이 완전히 바뀌었다. 내가 볼 때 소셜 미디어의 강점은 바로 소셜 미디어 이용자들에게 있다. 소셜 미디어는 거의 완벽에 가까운 기술에다 무료 플랫폼이고 이용자들의 무제한 접근성을 자랑한다. 모두에게 열려 있지 않은가? 소셜 미디어의 성공 여부는 인간의 변수에 달려 있다. 즉 우리에게 달린 것이다.

업로드하기 전에는
늘 심사숙고하라

인류의 반이 사용하고 있는 상황에서 소셜 네트워크에는 우리가 주의해야 할 몇 가지 심각한 위험이 있다. 이는 온라인 세상과 성공적인 관계를 맺는 데 중요한 요소다.

한 가지 주의해야 할 사항은 온라인상의 활동에 너무 익숙해지지 않도록 조심해야 한다는 것이다. 사생활을 지나치게 공개하고 싶은 유혹이 생기기 때문이다. 우리 생활의 어느 부분에서와 마찬가지로 관계에 명확한 경계선을 정하는 것은 자기 돌봄과 정신 건강을 유지하는 데 도움이 되고 필요하다.

온라인 커뮤니티에서 활동할 때도 마찬가지다. 소셜 미디어에 여과 없이 모든 것을 보여 주는 것은 솔직한 행위가 아니라 무책임한 행위다. 인터넷에 있는 자료는 영원히 남는다는 사실을 기억해라. 잘 생각한 후에 인터넷에 올려라. 그러지 않으면 누군가의 심기를 불편하게 할 수 있는 분노성 게시글부터 친한 친구들과 밤 문화를 즐기는 민망한 사진까지 소셜 미디어에 올린 것을 후회하게 될 것이다. 그럼에도 소셜 미디어에 있는 35억 명의 사람들과 공유할 가치가 있는 글이라면 먼저 초안을 작성하고 하룻밤은 고민해라. 나중에 후회하는 것보다 미리 조심하는 것이 낫다.

당신의 상대가 누구인지 또한 알 필요가 있다. 현실에서 당신의 행동과 모습은 대개 일관성이 있지만 환경에 따라 약간 달라지기도 한다. 편한 자세로 있을 때도 직장과 집에서의 모습은 다르며, 회사 동료들과 있을 때의 모습과 친한 친구들과 있을 때의 모습은 다르기 마련이다. 이렇게 환경에 따라 약간씩 달라지는 모습은 거짓이 아니다. 그저 당연하게 여겨지는 상식이다. 직장에서의 당신도 직장 바깥에서의 당신도 결국 당신인 것이다. 당신은 그저 당신이 '누구를 상대하는지 알고' 그에 따라 행동하는 것이다.

의도하지 않은 허위 진술의 위험이 도사리고 있는 인스타그램 같은 소셜 미디어 플랫폼에서는 이야기가 다르다. 문맥을 설명할 공간이 늘 있는 것이 아니라서 정말 포스팅하고 싶은 좋은 내용이 있더라도 그 글을 보는 사람은 당신이 진지한지 냉소적인지 알 수 없는 경우가 있다. 당신이 의도하지 않은 방향으로 받아들여 논란을 일으킬 수 있다. 생각지도 못한 메시지로 사람들의 분노를 일으키는 상황을 만나는 것이다. 이렇게 의도하지 않은 효과를 내는 경우는 너무나도 많다. 당신 앞에 앉은 사람들에게 처음부터 끝까지 모든 이야기를 공유하는 것과는 다르다. 인스타그램 같은 플랫폼에서는 사진 한 장과 단 몇 개의 단어, 그리고 몇 개의 해시태그가 이 세상에 공개되는 전부다. 휘익! 올리는 순간 내 손을 벗어나고 사람들은 자신이 원하는 방법으로 해석하고 판단한다.

가상 세계의 방해꾼으로부터 현실 감각을 지켜라

재밌지만 득 될 것은 없다

또 생각해야 할 점은 당신의 소셜 미디어 생활이 어떻게 당신의 일상 루틴에 부합하는가다. 인생 참 복잡하게 산다고 해도 좋다. 그런데 내 주위에는 소셜 미디어로 인해 직장과 가정에 부정적인 영향을 받은 사람이 많다. 2021년 조사에 따르면 미국에서는 18~34세 연령의 이용자는 평균 여덟 개의 소셜 미디어 계정을 갖고 있으며 이 수치는 지금도 계속 증가하고 있다고 한다. 무료에다 접근성 좋은 소셜 미디어 플랫폼이 차고 넘치는 지금 소셜 미디어는 당신이 하루 동안 중요한 일을 처리하는 데 방해꾼이 될 위험성이 다분하다.

한번 생각해 보자. 아침에 눈을 뜨자마자 침대를 나오기도 전에 휴대폰을 확인한 적이 얼마나 많은가? 인스타그램 피드를 끊임없이 내리다 보면 당신도 모르는 사이 1시간, 어떨 때는 그 이상이 훌쩍 지나간다. 가장 최신의 바이럴 영상과 웃긴 밈, 그날 아침 사람들이 업데이트한 일상을 본 것 외에는 아무것도 한 것이 없다. 여기까지만 보면 특별할 것이 하나도 없다. 소셜 미디어의 재미를 느낀다고 해서 크게 문제 될 것은 없기 때문이다. 그런데 지금 이 순간도 진행 중인 현실의 생활에서 길을 잃지 않으려면 조심해야 한다. 방해꾼은 다른 방식으로 등장하기도 한다.

소셜 미디어는 자존감을 갉아먹는다

타인의 (적어도 겉으로 보기에는) 화려하게 정제된 삶을 보느라 너무 많은 시간을 보내다 보면 현실과 자신에게 정말로 중요한 것들에 집중하지 못한다. 오해하지 마라. 시도해 볼 만한 필터 앱이 몇 가지 있고 개인적으로 나도 '뷰티 캠'이라는 카메라 앱을 한동안 애용한 적이 있다. 그렇다고 '완벽한' 얼굴과 엄선된 포스팅에 과도하게 집착하는 세상에서 당신의 소중한 하루를 낭비하지 마라. 당신이 사는 진짜 세상은 이곳이다.

2021년 CNN의 간판 앵커 앤더슨 쿠퍼는 소셜 미디어에 대한 자신의 솔직한 생각을 밝힌 바 있다. 특히 소셜 미디어가 젊은이들에게 끼치는 영향과 자신의 경험을 얘기했다. 그는 인스타그램 같은 소셜 미디어를 통해 친구들과 소통할 수 있고 특정 관심사에 관련된 내용을 쉽게 볼 수 있다는 것을 장점으로 꼽은 반면, 소셜 미디어에 접속하면 씁쓸한 기분이

든다는 단점이 있다고도 말했다.

소셜 미디어가 가진 오락적 가치와 혜택은 명백하지만 과도하게 노출되면 환상과 현실을 명확하게 구분하기 위한 판단력에 부정적인 영향을 받을 수 있다. 우리의 삶을 온라인상 프로필로 보여지는 타인의 삶과 비교하고 싶은 자연스러운 충동은 언급할 필요도 없다. 기억해라. 당신은 온라인에서 보는 사람들과 경쟁하는 관계가 아니며, 누가 됐건 그 정제되고 엄선된 이미지들이 그 사람 삶의 모든 부분을 보여 주지는 않는다.

무분별한 시간 낭비에서 목적을 이루는 활용으로

그러면 당신의 소셜 미디어 공간을 개척하기 위해 무엇을 해야 할까? 당신의 계정이 친한 친구나 가족들과 공유할 사적인 용도인지 별도의 제한 없이 모든 사람에게 열려 있는 공적인 용도인지에 따라 다르다. 또한 당신이 원하는 것이 비즈니스를 전문으로 하는 소셜 미디어 플랫폼에서의 브랜드 구축인지 공통의 관심사를 가진 사람들과 소통하면서 당신의 창의적인 면을 살리기 위한 취미 공간인지를 결정해야 한다. 이 질문들에 대답하다 보면 당신의 소셜 네트워크 목표를 정할 수 있고 이를 잘 활용하는 데 도움이 될 것이다. 당신의 의도들과 소셜 미디어 관리에 쓰는 시간의 양은 당신이 소셜 미디어로부터 얻는 혜택을 결정지을 것이다.

비즈니스의 장을 개척하라

비즈니스 세계에서 소셜 미디어의 사용은 피할 수 없다. 소셜 미디어는 현존하는 거의 모든 비즈니스 산업에서 엄청난 규모로 중요한 역할을 하고 있다. 간단히 말해 당신의 비즈니스가 번창하기를 원한다면 온라인 세상을 당신의 하루 루틴에 포함하는 것이 마땅하다. 당신에게 주어진 24시간 속의 여느 습관같이 소셜 미디어 관리도 의도와 함께 시작된다. 먼저 소셜 미디어를 통해 당신이 무엇을 얻고자 하는지 알아야 한다. 그다음 소셜 미디어로 무엇을 표현할지 결정할 수 있다.

2019년 한 해에만 소셜 네트워크 광고로 무려 900억 달러가 쓰였다. 현재 약 5억 명에 달하는 페이스북 이용자는 매일 80억 개의 동영상을 보고 인스타그램에는 매일 9,500만 개 이상의 사진이 올라온다. 주요 잠재 고객의 규모는 매 분 늘어나고 있으며 거리나 시간의 제약 없이 고객에게 직접 연락을 취할 수도 있다. 당신 회사의 제품이나 메시지에 대해 이미 궁금해하는 고객이 있다면 그 고객에 맞게 콘텐츠를 관리할 수도 있다. 만약 특정 타깃 없이 불특정 다수를 감당할 수 있는 수준으로 공략한다면 소셜 미디어는 이를 위해서도 다양한 옵션을 보유하고 있다.

당신 회사의 고객과 당신이 몸담은 산업으로부터 신속한 피드백을 얻는 목적으로도 소셜 미디어를 활용할 수 있다. 거의 모든 플랫폼은 이용자들이 자신의 콘텐츠가 대중에게 '어떻게' 전달되는지, '누구'를 공략하는지, '언제', '어디에서' 최상의 효과를 내는지 볼 수 있도록 아이디어를 제공한다. 이를 통해 당신은 산업 트렌드에서 높은 위치를 선점할 수 있다. 자사의 미디어 전략을 경쟁사의 미디어 전략과 비교까지 할 수 있어 다양한 자원을 보유한 다양한 규모의 기업들 간에 공평한 경쟁의 장을 마련할 수 있다.

하지만 당신의 의도와 상관없이 소셜 미디어가 제공할 수 있는 가장 큰 장점은 소셜 미디어를 통해 당신의 창의성을 보여 주고 당신만의 스타일과 독창성을 당신에게 이득이 되도록 활용할 수 있다는 점이다. 여기서 말하는 가장 큰 이득은 '당신'이다. 누군가는 동일한 비즈니스를 육성하기 위해, 누군가는 유사 브랜드의 홍수 속에서 대중적인 관심을 끌기 위해, 누군가는 팔로워 수를 늘리기 위해 애쓸 수도 있다. 하지만 당신은 고유하다. 소셜 미디어로 무엇을 얻고자 하는지를 정한다면 창의성을 위한 공간을 확보한 채 명확한 경계와 확실한 목표를 갖고 소셜 네트워크에 발을 디딜 수 있을 것이다.

내 주위에는 재미있고 유행에 맞는 틱톡 동영상을 활용해 새로운 고객을 마련하거나 인스타그램 릴스로 시선을 끌면서도 간단한 영상을 만들어 입소문이 난 부동산 중개인들이 있다. 적당한 속도, 화면, 오디오를 사용한 심플하지만 혁신적인 하우스 투어 동영상이 어떻게 입소문을 타서 수백만의 조회 수를 기록할 수 있는지 놀라울 뿐이다.

목적에 맞게 습관화하라

나는 소셜 미디어가 매일매일 새로운 방식으로 내 일상에 들어와 있는 것을 몸소 경험한다. 또한 실제로 소셜 미디어를 영감을 얻는 공간으로 사용하기도 한다. 이런 점에서 나는 소셜 미디어의 파워에 대해서 익히 잘 알고 있다. 나는 내 팔로워들을 늘 진솔하게 대하며 그들에게 짧지만 진실된 내 생활의 일부를 보여 주기도 한다. 긍정주의, 동기 부여, 진정성을 기반으로 내게 무엇이 잘 맞고 인생에서 나를 기쁘게 하는 것들에 무엇이 있는지 다른 사람들에게 공유한다. 그러면 나와 에너지를 함께 나누는 전 세계의 모든 이를 만나게 된다.

그러면 나는 어떻게 이것을 습관으로 만들었을까? 나는 그냥 마음이 내킬 때 포스팅한다. 순간의 고유한 열정과 공유하고 싶은 것이 맞아떨어지면 포스팅을 한다. 그런데 습관을 만드는 데 중요한 것은 구조와 일관성이지 않은가? 그래서 정말로 포스팅하기 좋은 콘텐츠라고 생각하지 않으면 포스팅을 하지 않으려고 하지만, 동시에 일관적이면서도 원만한 방식으로 관리돼야 한다는 것을 잘 안다. 다행히 내가 이런 내적 갈등을 겪을 때 지원해 줄 소셜 미디어 팀이 있다. 소셜 미디어 팀은 업무와 일정 관리를 맡고 나는 팀으로부터 업데이트 상황을 보고받아 하루에 한 번 내 소셜 미디어를 확인하는 습관을 만들게 됐다. 모든 종류의 습관이 거창한 타협을 요구하는 것은 아니다. 어떤 경우에는 약간만 생각을 달리해도 다른 방식으로 같은 결과를 도출해 낼 수 있다.

기적이 일상이 되는 순간

당신의 인생에서 소셜 미디어가 어떤 역할을 할지 의식적으로 선택해라. 소셜 미디어에 매일 당신이 기꺼이 할애할 시간을 명확하게 제한하고 소셜 미디어에 남기는 디지털 발자국을 분석해라.

소셜 미디어 플랫폼이 당신의 개인적인 생활과 성공적인 커리어 양쪽 모두의 의도 혹은 어느 한쪽의 의도에 부합하는가?

당신은 올바른 플랫폼에서 활동하고 있는가?

소셜 미디어 관리에 대해 당신이 다짐한 내용을 기억하는가?

35억 명이 넘는 사람이 당신을 기다리고 있다는 사실을 반드시 기억해라. 당신이 사람들과의 상호 작용과 오락으로 즐거워한다면 그 즐거움을 빼앗을 이유는 없다. 단 온라인 세상에 할애하는 당신의 시간에 대해 책임을 질 수 있도록 약간의 경계선을 설정해라.

12

오늘을 돌아보며
내일의 전략을 짜라

·

현재를 점검하기

자기반성 없이는 의미 있는 삶을 살 수 없다.

오프라 윈프리(방송인)

당신이 행동에 옮길 수 있는 가장 강력한 습관이자 성장을
위한 도구 중 하나가 바로 자기반성이다. 이는 하루가 끝날
무렵에 특히 도움이 되는 습관이다. 수많은 일이 있었다. 하
루가 순식간에 지나간 것처럼 느껴질 수도 있다. 한 번쯤 이
런 질문을 해 봤을 것이다.

'벌써 여섯 시야? 언제 이렇게 하루가 지나갔지?'

내 하루는 정말 정신이 없다. 나쁜 식으로 정신없는 것은 아니다. 너무나 많은 일이 있어서 어떤 날은 눈 깜짝할 사이에 시계가 벌써 여섯 시를 향해 간다. 여섯 시라고 하기는 했지만 어느 특정 시간이 내게 특별한 의미가 되지는 않는다. 퇴근은 그날의 할 일이 끝나면 하는 것이지 할 시간이 돼서 하는 것이 아니다. '이렇게 또 하루가 지나갔네' 하며 대수롭게 여길 수도 있겠다. 하지만 이렇게 해서 우리가 성장하는 것이 아니지 않은가?

매일 자신을 점검하는 일은 자기반성, 책임, 실행 가능한 다음 단계와 관련이 있다. 그리고 성장은 자기반성에서 온다. 당신은 할 일이 많아졌다고 느낄 수도 있다. 그러니 하기 싫은 마음이 드는 것이 당연하다. 당신은 이미 너무 피곤하다. 긴장을 풀고 쉬고 싶은 마음이 간절하다. 하루에 있었던 일을 '되감기'하는 일만큼은 안 하고 싶다. 이해한다. 당신은 사람이지 로봇이 아니니까.

그런데 말이다. 매일 당신의 발전을 대면하고 측정하지 않는다면 당신이 지금 올바른 방향으로 가고 있는지 알 수가 없다. 현재 상황을 점검하는 것은 오늘을 정리하고 새로운 내일을 시작하기 위해서도 좋은 방법이다. 오늘 있었던 일을 왜 마음에 담아 두는가? 좋았든 싫었든 오늘 있었던 일을 내일까지 끌고 가는 것은 아무 의미가 없다. 그러니 잊고 다시 하루를 시작하라!

자책하기 위함이 아니라
배우기 위함이다

자기반성 또는 현재 상황을 점검하는 일이 당신이 생각하는 것처럼 그날 하루 있었던 일을 점검하고 모든 계획을 완수했는지 살피는 그런 지루한 일은 아니다. 그렇게 생각했다면 틀렸다. 매일 하는 자기반성의 효과를 전혀 이해하지 못한 것이다.

〈캠브리지 사전〉은 자기반성을 "당신이 느끼는 감정과 행동 그리고 이면에 숨겨진 이유에 대해 생각하는 행위"라고 정의한다. 내가 지금 이야기하는 것과 비슷한 정의다. 자기반성의 힘을 굳게 믿는 이머제네틱스(Emergenetics)의 창시자이자 CEO 게일 브라우닝은 여기서 한 발짝 더 나아간다. 이머제네틱스는 유전학과 인생의 경험에 기반해 사람들의 행동으로 그들의 사고 성향과 개인행동 뒤에 나타나는 '왜'에 대해 이해하게 도와주는 기업이다. 그녀는 자기반성을 '우리가 어떤 경험을 할 때 그 경험의 모든 면을 유지하도록 하는 심오한 학습 형식'이라고 정의한다. 또한 단순히 어느 경험을 회상하는 데서 그치는 것이 아니라 자기반성을 하면서 인생에서 겪는 각각의 경험을 올바르게 바라보고 왜 그 일이 일어났는지, 어떤 영향을 끼쳤는지, 다시 그 일이 일어나기를 바라는지 알 수 있다고 설명한다. 자기반성은 우리가 정말로 중요한 일에 집중할 수 있도록 도와준다.

현재 상황을 점검하는 것은 이미 일어난 사건보다는 그 사건이 주는 원동력에 대한 것이다. 그리고 긍정적이든 부정적이든 그 후에 당신이 받은 영향에 대한 것이다. 하루에 당신이 하는 모든 결정과 행동에 대해 생각해 봐라. 그리고 무엇이 그런 선택을 하게 했는지 고찰해 봐라. 당신 자신의 동기를 이해하는 것, 의도와 목표에서 멀어진 지점이 어디인지 인정하는 것은 당신이 매일 정상적인 궤도에 머물게 하는 데 중요하다.

목표를 향한 삶을 살기로 약속하고 당신이 가진 위대한 잠재력을 향해 노력하는 것도 당신이 책임감을 유지하고 실수와 문제를 인지하는 데 도움이 된다. 하지만 책임이 그날 있었던 일에 대해 자신을 탓하거나 그 일들을 실패라고 단정 짓는 것이 돼서는 안 된다. 죄책감을 버리고 당신이 한 실수로부터 배울 수 있도록 마음을 열어야 한다. 이 또한 모두 과정의 일부이기 때문이다. 그렇게 성장하는 것이다.

완전히 망각하기 전에
점검하라

자기반성을 연습하기 가장 좋은 때는 언제일까? 언제라도 할 수 있기는 하지만 내 생각에는 하루가 끝날 무렵이 가장 적합하다.

하지만 나는 그렇다고 자기반성을 하루의 맨 마지막에 하지는 않는다. 한번 생각해 봐라. 이상한 꿈을 꾸고 일어났는데 놀랍게도 너무나 자세하게 그 꿈이 기억난 적이 있었는지. 등장인물이며 배경, 이상한 테마까지 모든 것이 생생하게 기억났을 것이다. 그렇다면 몇 시간 후에 그 꿈을 다시 떠올리려고 해 봤는가? 쉽지 않았을 것이다.

당신이 하루 동안 겪었던 일도 마찬가지다. 그날을 기억하는 순서가 늦어질수록 자세한 기억들은 점점 사라져 가기 마련이다. '망각 이론'을 연구한 독일의 심리학자 헤르만 에빙하우스에 따르면, 우리의 뇌는 새로운 정보를 습득하고 24시간 내에 그 정보에 대해 평균적으로 최대 70퍼센트를 잊어버린다고 한다. 성공한 사람들이 하루의 기억이 흐릿해지거나 완전히 잊히기 전에 자기반성으로 하루의 마지막 챕터를 시작하는 이유다.

자기반성이 처음인 사람들에게는 시작하기까지 시간이 조

금 걸릴 수 있지만 걱정할 것 없다. 자기반성은 앞서 소개한 일상의 모든 습관이나 행동들과 다를 것이 없다. 여러 번 반복하다 보면 자동적으로 습관화될 것이다. 습관이 되면 매일 어느 특정한 시점마다 당신의 정신이 자동으로 전환돼 나중에는 자동화되고 편해지는 단계에 이른다.

최고의 순간과 최악의 순간을 구분하라

그러면 구체적으로 어떻게 현재 상황을 점검할 수 있을까? 무엇을 보는지는 당신에게 달렸지만 중요한 것은 당신이 바른 렌즈를 통해 보고 있다는 사실을 확실히 해야 한다는 것이다. 그날 하루에 있었던 일을 단순히 재생하는 것이 아니라는 점을 기억해라. 이미 당신이 살아 본 하루 아닌가? 그걸로 충분하다고 생각하지 않는가? 요점은 하루를 돌아보면서 당신이 달성한 것이나 당신이 범한 실수를 구분해 주머니에 담는 것이다. 다시 말해 그날 하루의 최고와 최악을 나눈 다음 그 이후에 행동한다는 의미다. 다음 날을 생각하며 당신이 밟고 싶은 단계나 당신의 생각들을 일기장에 적어 두거나 생각에 잠긴 채 마음으로 계획을 짤 수도 있다. 어떤 방식으로 다음 단계를 이행하든 말이다.

구체적인 방법이 궁금하다면 당신 자신에게 다음처럼 질문해 보기 바란다.

'하루 중 최고의 순간과 최악의 순간은 언제였는가?'

'만족할 만한 하루였다. 그래도 조금 아쉬운 부분이나 좀 더 잘할 수 있었던 부분이 있는가?'

'목표와 가까워졌다고 느끼는가? 오늘 수행한 단기 목표가 장기 목표에 반영됐는가? 그렇지 않았다면 이유는 무엇인가?'

'오늘 했던 일 혹은 하지 않았던 일 중에 내일은 다르게 하고 싶은 일은 무엇인가?'

위 질문들을 자신에게 하는 것은 어렵지 않다. 어려운 점은 이 질문들에 솔직하게 답해야 한다는 것이다. 그러나 그만 한 가치가 있다. 실수와 문제가 될 만한 시발점, 비생산적인 양상을 식별하기 위해 자신을 더욱 심오하게 들여다보고 자신에게 솔직해지는 데는 시간과 에너지를 할애할 가치가 있다. 그렇게 미래에는 다른 선택을 할 수 있는 것이다.

이를 매일 실천해야 하는 이유는 단 하루면 모든 것을 바꿀 수 있는 충분한 시간이기 때문이다. 24시간 속에 숨겨진 어떤 교훈이나 중요한 순간이 당신 삶에 성장의 기회로 다가

올지, 당신에게 최고의 삶을 선사할지는 아무도 모른다.

통제할 수 있는 것으로
통제할 수 없는 것을 통제하기

자기반성의 장점을 또 하나 덧붙이자면, 우리가 단단히 균형을 잡고 하루를 소환하고 통제력을 갖도록 도와준다는 것이다. 2020년에 우리는 아주 빠르게 변하는 세상을 수용하느라 삶이 180도 바뀌었다. 우리의 개입은 거의 없이 말이다. 솔직히 말해 기분이 별로였다. 통제력을 잃는 것을 좋아하는 사람은 누구도 없으며 날마다 상황이 바뀔 수 있다는 점을 반기는 사람은 많지 않다. 우리의 통제 밖에 있는 것들이 우리 삶에 영향을 주게 내버려 둘 수는 없다.

살면서 역경과 위기의 시간들을 만나기 마련이고 또 시간은 흘러 지나가기 마련이다. 언제라도 일어날 외부적 요인들이 우리에게 미치는 영향을 어떻게 알아보는지를 배우는 것이야말로 우리를 전진하게 만들 것이다. 이를 위해 우리가 통제할 수 있는 것들을 활용하는 것은 어떨까? 관점을 바꿔서 역경과 위기의 시간들을 우리가 개인적 성장을 할 수 있는 최고의 순간으로 보는 것은 어떨까?

당신의 인생은 중요하다. 당신의 시간은 중요하다. 하루하루 얻는 교훈을 포함해 매일, 매 시간 당신이 하는 일은 중요하다. 자기반성은 통제력을 잃었을 때 균형을 잡기 위해 사용하는 도구다. 우리에게 가까운 과거로 시간 여행을 갈 기회를 줘 우리의 일상에서 허점을 찾아내고, 다시 돌아간다면 다르게 행동했을 순간들을 재생해 주기도 하며, 그날 이룬 성과를 다시 축하할 수도 있게 한다. 이 과정을 통해 우리는 지나간 날을 다시 소환한다. 물론 이미 지나간 날에 대해 바꿀 수 있는 것은 없다. 하지만 새로운 시각으로 그 하루를 상기하고 교훈을 얻을 수는 있다. 하루 중 최고의 순간과 최악의 순간을 돌아보고 미래를 위한 전략을 짤 수 있다.

당신은 적어도 그날을 평가하고 그 순간들의 주인으로 살았으며 더 나은 미래를 위해 변화하려는 계획을 세웠다는 점에서, 별로 좋지 않은 순간으로 가득했던 당신의 하루에 대해서도 좋은 기분을 느낄 수 있다. 무엇보다도 중요한 것은 그날 일어난 일에 대해 통제력을 갖게 됨으로써 기분이 좋아진다는 것이다. 매 순간 당신이 배를 조종하고 있다는 느낌이 들지 않을 수도 있다. 하지만 당신의 하루에 대해 책임을 지고 거친 파도 속에서 숨겨진 교훈과 한 줄기의 희망을 찾는다면 당신은 인생의 배를 조종하는 항해사 자리를 다시 얻을 수 있다.

이를 어떻게 습관화하는지 알게 된다면 당신의 현재 상황을 점검하는 일은 기분 좋은 일이 될 수 있다. 이제 더는 어떻게 지금 이 상황이 됐는지에 대한 생각 없이 그저 하루하루를 살지 않는다. 그러니까 다 끝나 가는 하루의 막바지에서 긴장을 완전히 풀기 전에 피니시 라인을 밟아라!

기적이 일상이 되는 순간

하루가 끝날 무렵에 숨을 고르며 휴식을 취하고 피니시 라인을 밟아라. 이때 자신에게 몇 가지 중요한 질문을 해라. 간단한 '되감기' 과정을 통해 배우게 되는 것들이 얼마나 가치 있고 타당한지 알게 되면 놀랄 것이다.

13

매일의 작은
승리를 기념하라

·

감사하기

삶에서 소소한 것을 즐기는 데 집중하기를 바란다.

언젠가 돌아보면 그것이 정말 큰 것이었음을

알게 되기 때문이다.

제이 셰티(작가)

나는 어떤 것도 당연하게 여기지 않는다. 어떤 것도. 시간
이 지나면서 내가 인생에서 얼마나 소중한 것들을 갖고 있는
지 알게 됐다. 그것에 감사하는 법을 배웠다. 나는 늘 애정으
로 나를 보살피고 영감을 주는 좋은 부모님 사이에서 태어났
다. 그들은 자신들의 가족을 떠나 모든 것을 버렸다. 그들이

생각하기에 자식들에게 최고의 기회를 줄 수 있는 곳으로 가서 우리를 키웠다. 나는 그 시절 부모님의 희생과 내게 줬던 사랑에 깊은 감사를 느끼며 지금도 종종 이에 대해 생각한다.

모든 사람이 이런 축복의 기회를 갖는 것은 아니다. 어떤 사람들은 외부 요인들 때문에 처음부터 불리한 입장에 놓이기도 한다. 러우 사태로 우크라이나에서 벌어지고 있는 상황을 생각해 볼 수 있다. '상상도 할 수 없다', '가슴이 아프다'는 말 정도로는 그곳의 상황을 표현할 수 없다. 아이들, 부모, 가족을 포함해 전쟁과 아무런 관련도 없는 사람들이 모든 것을 잃었다. 러시아와 우크라이나 두 국가의 무고한 국민들은 권력자의 변명의 여지가 없는 선택에 대해 대가를 치르고 있다.

그 어느 때보다도 지금 나는 내가 어린 시절에 받았던 축복들, 가령 가족을 위해서라면 무엇이든 하려고 했던 이민자 출신의 부모님과 그들의 이타심이 오늘의 나를 있게 하는 데 얼마나 많은 도움을 줬는지 깨닫는다. 그리고 감사함도 연습을 통해 습득할 수 있다는 것을 배운다. 감사함은 심사숙고하고 반추돼야 하며 그에 대한 보답이나 행동으로 표현돼야 한다. 감사함은 당연한 것이 아니다. 선택이다. 그리고 당신이 매일 의식적으로 해야 하는 것이다.

축복은 기다리지 않고
찾아다니는 사람의 몫이다

그렇게나 많은 사람이 감사할 순간을 '기다리고' 있다니 재미있지 않은가? 그들은 자신들의 목표와 꿈을 향해 조금씩 나아가며 묵묵히 열심히 산다. 원하는 것을 모두 이루고 나면 그때 감사할 순간이 올 것이라고 생각하면서 말이다. 그런데 말이다. 현실은 그렇지 않다. 감사함은 당신이 이룬 모든 훌륭한 업적을 떠올리게 하는 성공의 보상으로서 목표를 이룬 후에야 생기는 감정이 아니다. 이런 생각을 갖고 있다면 당신은 절대 실현할 수 없는 무언가를 기다리다가 결국 지치게 될 것이다.

감사는 의식적인 연습이다. 나는 이를 매일 실천하는 습관으로 추천한다. 물론 여기에는 노력과 수고가 따른다. 시간을 내서 잠시 숨을 고르고 감사의 감정을 가지려고 노력해야 하기 때문이다. 유독 힘이 드는 날에 말이다. 어렵게 들리겠지만 전혀 그렇지 않다. 감사함을 표현하는 능력은 타고나는 것도 아니고 성향과 관계된 것도 아니니 걱정하지 않아도 된다. 감사함은 당신이 받아들여서 개발하고 성장시키려고 선택한 태도다. 우리에게는 모두 감사할 수 있는 능력이 있다. 소수의 사람에게만 한정되는 능력이 아니다.

그럼에도 현실에는 다른 사람들보다 감사함을 자연스럽게 소화하는 사람들이 있다. 감사함이 일상에서 조금 더 노력이 필요한 부분이라는 것을 인지하는 한 감사함을 편하게 여기지 않는다고 해서 아직까지는 이를 부끄러워할 필요 없다. 게다가 당신만 그런 것이 아니다. 감사하는 방법에 대한 글뿐 아니라 이를 전문적으로 다루는 서적도 많다. 이는 많은 사람이 감사를 어려워하고 이에 대해 노력하고 있다는 증거다. 혹은 우리의 일상에서 감사함을 고려해야 한다는 사실을 그저 잊기 때문일 수도 있다. 또 어떨 때는 감사함을 우리 하루의 일부로 포함할 필요가 있는지 인정하지 않기 때문이기도 하다.

감사하는 습관은 역경이 닥쳤을 때 가장 필요하다

감사함은 절대적으로 필요하다. 특히 어려운 시기에 우리가 통제할 수 없는 상황이 발생할 때 더욱 그렇다. 인생의 예기치 못한 상황으로부터 자유로운 사람은 아무도 없다. 장담하건대 당신이 마주한 일에 집중하고 현 상황을 유지하며 긍정적으로 살아가기 위해 감사함이 필요한 순간은 바로 위기가 닥쳤을 때다.

당신은 스스로에게 이런 질문을 할지도 모르겠다.

'도대체 왜 매일 시간을 내서 감사해야 하지? 그게 왜 그렇게 중요한 걸까?'

그럼 내가 질문을 하나 하겠다. 왜 우리는 매일, 그리고 하루 종일 일을 할까? 우리가 이렇게 매일매일 애쓰는 근본적인 이유는 무엇인가? 행복이다. 우리는 자기 자신, 그리고 자신이 사랑하는 사람들을 위해서 일한다. 행복을 찾고 우리의 꿈을 실현하기 위해 일한다.

내 커리어의 초창기를 떠올려 본다. 모든 것이 두려웠고 하는 일마다 잘될 거라는 보장이 전혀 없어 보였다. 그러나 나는 희망에 차 있었던 것은 물론 아주 열심히 일했다. 내게 없으면 안 될 필수 요소가 있었으니 바로 감사함이었다. 나는 이혼과 같은 충격적이고 중요한 인생의 변화를 겪은 후에도 내 삶을 다시 정상 궤도에 올려놨음에 매일매일 감사했다.

살 집이 없어지고 아이들이 1년간 무려 세 번이나 거주지를 옮겨야 했을 때는 내 인생이 정말 실패한 것처럼 느껴졌다. 아이들에게 편안함과 안정감을 주기 위해 필사적이었던 나는 어깨를 짓누르는 책임감과 감당하지 못할 부담감을 고스란히 느꼈다. 하지만 최악의 순간에도 내 곁에 있는 아이들을 보며 혼자가 아님에 대해 감사의 마음을 놓지 않았다. 검은 안개가 걷힐 기미가 보이지 않는 최악의 나날에도 한 줄기 빛 같은 아이들이라는 선물이 있다는 사실에 더없이 감사했다. 아이들을 책임지려는 노력 덕분에 나는 새로운 기회를 찾을 수 있었다. 아이들이 아니었다면 절대 그러지 못했을 것이다.

인생 최악의 순간에 나를 일으킨 힘

이혼 후 세 번째로 이사하고 얼마 안 됐을 때였다. 그때가 내 인생 최악의 순간이었다는 사실이 기억난다. 이제 겨우 임대한 집에 들어갔는데 집주인이 그 집을 매물로 내놓겠다고 통보했다.

'제발 우리에게 더 이상의 이사는 없게 해 주세요. 제발요.'

지금도 그때를 생각하면 가슴에 통증이 느껴진다. 스스로가 실패자처럼 느껴졌다. 정말 처참했다. 하지만 곧 평정심을 되찾고 해결책을 생각하기 시작했다. 침착함을 찾기가 쉽지 않았지만 사랑하는 사람들의 인생과 안정이 위험에 놓이면 알지 못했던 내면의 힘이 나오기 마련이다. 내 앞에 닥친 상황에 집중했다. 우리 가족이 다시 이사하게 할 수는 없었다.

그런데 이 집은 곧 팔리게 생겼다. 그래서 어떻게 하면 이 집을 살 수 있을지 고민했다. 수중에 돈도 없는 상황에서 내가 생각할 수 있는 해결책이 명확하지 않았지만 밑져야 본전이라고 생각하며 전략과 스피치를 준비했다. 마침내 집주인 과 이야기를 나누게 됐다. 이사하자마자 집을 매물로 내놓는 다는 얘기를 들었지만 나는 그곳에 살 수 있는 기회를 준 것 에 대해 감사를 표했다. 우리 가족이 이미 들어가 살고 있는 상황을 고려해서 내가 그 집을 구입할 목적으로 재정 조건을 제안하면 생각해 볼 수 있겠냐고 물었다.

집주인이 내 면전에서 웃었을 수도 있다. 딱 잘라 거절했을 수도 있다. 아이들 덕분에 이런 제안을 할 수 있었다. 그리고 확실히 말할 수 있는 것은 진심으로 감사하는 마음으로 그 상 황에 대처하고 구체적인 계획을 집주인에게 알린 것이 신의 한 수였다는 점이다.

기쁨은 모든 순간에 존재한다

모든 사람이 자기 편을 갖게 되는 것은 아니라는 사실을 안 다. 어렵겠지만 그럴 경우에는 당신을 열렬히 응원하는 당신 자신에게 감사할 수 있다. 자기 감사는 감사를 시작할 수 있 는 좋은 첫걸음이다.

영화 〈실버라이닝 플레이북〉을 본 적이 있다. 브래들리 쿠

퍼가 연기한 팻과 제니퍼 로렌스가 연기한 티파니가 주인공이다. 이들은 마음에 상처를 지닌 사람들로, 티파니는 우울증을 앓았고 팻은 조울증을 앓았다. 특히나 감동적인 장면이 있었다. 팻이 자신이 병원에 입원해 있는 동안 배운 인생에 대한 '믿음'에 대해 얘기하는 장면이다. 그는 할 수 있는 한 무엇이든 최선을 다하고 긍정적으로 임하면 '실버라이닝'을 찾게 될 것이라고 말한다. 헌신, 노력, 희망. 나는 이것들이 팻이 말한 실버라이닝이라고 생각한다.

이는 내가 감사함에 대해 느끼는 것들이다. 감사함은 안개 속 실버라이닝이다. 감사함은 긍정적인 무엇이고 당신에게 앞으로 더 나은 날들이 있을 것이라고 희망을 품게 하는 무엇이다. 감사함이 퍼져 나가면서 성공과 행복을 얻을 수 있다.

작가 멜로디 비티는 감사함에 대해 이렇게 말했다.

"우리를 충만하게 해 주고 그 이상을 느끼게 해 준다. 부정은 수용으로, 혼란은 질서로, 혼동은 명확성으로 변화시킨다. 감사함은 우리의 과거를 이해시키고 오늘의 평화를 가져다주며 내일을 위한 비전을 만들어 준다."

앞서 말했듯이 소셜 미디어 시대에서 감사함을 찾는 일은 특히 더 어려울 수도 있다. 온통 화려하고 행복한 이미지들을 스크롤하다 보면 세상 모든 것이 보이는 것처럼 그렇게 완벽하지 않다는 사실을 잊게 된다. 우리는 사실인 것처럼 보여지는 영상, 사진, 라이프 스타일을 잠재의식에 흡수하며 스스로에게 도달하기 힘든 기준을 적용한다. 화려하고 멋진 영상과 사진을 자신의 것으로 소화해 영감을 받거나 자극을 받아 동기 유발의 계기로 사용하는 사람들이 몇몇 있지만 대부분은 자신들이 결코 비교조차 되지 못한다는 사실에 상실감을 느낀다.

우리는 자신의 삶에 실망감이나 위축감을 느끼는 대신 모든 것이 늘 보이는 것처럼 완벽하지 않다는 사실을 알아야 한다. 또한 감사함은 사진과 해시태그보다 더 큰 힘을 발휘할 수 있다는 사실을 기억해야 한다. 일상에서 하는 자기반성의 한 방법으로 감사함을 활용한다면 통제력을 기르고 후회를 최소화할 수 있다. 우리가 가진 모든 긍정적인 요소들이 우리 삶에 흘러가게 하면 거기서부터 우리는 매일 긍정과 동기의 힘을 사용할 수 있다.

삶의 기쁨은 크기와 관계없다

사실 감사함은 보편적인 '필요'이기도 하다. 사람들에게 무엇이 감사하냐고 물으면 다들 비슷한 대답을 한다. 건강함, 가족의 존재, 살 곳이 있음에 감사하다고 대답한다. 하나하나다 맞는 얘기다. 다 중요한 것들이다. 그런데 조금만 더 고심해서 위대한 '작은 승리'들을 살펴보면 감사함은 지극히 개인적일 수도 있다.

오프라 윈프리는 "감사는 의도의 산물이다"라고 말한 바 있다. 〈오 매거진(O Magazine)〉에 실린 한 기사는 2020년에 독자들에게 무엇이 감사한지에 대해 질문하고 그에 대한 답변을 다뤘다. 사랑하는 애완동물의 조건 없는 사랑이라고 대답한 사람, 어린 딸의 생명을 지켜 주는 인슐린 펌프와 현대 의학의 기적이라고 대답한 엄마, 바깥에서 산책하며 얻을 수 있는 회생력이라고 대답한 사람 등 독자들은 폭넓고 다양하게 개인적인 이유를 들었다. 독자들의 대답은 전 분야를 망라했는데 심지어는 '속옷계 역대 최고의 발명품'이라고 불리는 스팽스(SPANX) 보정 속옷도 포함돼 있었다.

크기와 관계없이 하루 24시간이 우리에게 선사하는 기쁨은 수없이 많다. 눈여겨보지 않고 지나칠지 모르지만 없어지고 나서야 비로소 알게 되는 것들도 있다. 어려운 일을 겪고 나면 가진 것을 더 의식하고 감사함을 느낄지 모른다.

오늘 어딘가에서 누군가는 마지막 화학 요법 치료를 받고 있을 것이다. 이식 대기자 명단에 있던 또 다른 환자에게는 그렇게 기다렸던 허가 결정을 받은 날일 것이다. 탈모로 고생하던 어린 소녀는 처음으로 예쁜 가발을 써 보고 있을 것이다. 매일 전 세계의 많은 이가 우리는 상상할 수 없는 일을 겪고 있다. 감히 상상할 수도 없는 어려운 상황에서 만약 이들 중 몇 명이라도 용기를 잃지 않을 수 있다면 우리도 모두 자신으로부터 감사함을 찾을 수 있다고 생각한다. 자 여러분, 뭘 망설이는가?

물론 심각한 건강 상태나 생명을 위협하는 문제를 직면하지 않고도 긍정적인 정신 상태를 유지하는 것은 쉬운 일이 아니다. 지난 몇 년간 전례 없는 위기를 겪으면서 감사함을 찾는 것이 점점 더 어려워졌다는 사실에 많은 이가 동의할 것이다. 팬데믹과 경제적 악영향, 정치적 불화, 심지어 전면 전쟁까지. 세상은 아주 불안정한 곳이 됐다. 이 외에도 엄청난 어려움이 도사리고 있으며 분노와 불안정 속에서 회복은 하루아침에 이룰 수 있는 것이 아니다.

하지만 그럼에도 세상에는 좋은 일이 많이 일어나고 있다. 아이들이 태어나고 사람들이 결혼을 한다. 누군가는 처음으로 "사랑해"라고 말하고 누군가는 꿈에 그리던 일을 하기 위해 대출을 받는 데 성공한다. 그리고 스타벅스 직원이 당신의 컵에 마침내 이름을 제대로 써 준다. 그렇다. 이렇게 소소한 것들이 인생에서 소중하다. 그리고 이런 것들은 점점 더 늘어난다.

수많은 사람이 끔찍한 일을 겪고 있는 상황에서 우리 자신의 크고 작은 승리를 축하하는 일이 이상하게 느껴질 수도 있다. 그래도 우리는 축하해야 한다. 우리가 사는 세상은 절대 완벽하지 않을 것이고 안타깝지만 고통과 고난은 언제나 존재할 것이다. 그렇다고 다른 이의 고통을 무시할 수는 없다. 하지만 그 고통을 고스란히 감당하는 대신 우리는 그것을 생산적인 형태로 돌려 지원해 줄 수 있는 방법을 찾아야 한다. 삶을 멈춰서는 안 되고 삶을 기념하는 것을 멈춰서도 안 된다. 왜냐하면 내일은 또 다른 하루를 선사하기 때문이다!

감사함의
다음 단계

감사함을 찾는 데 어려움을 겪는다면 여기 좋은 방법이 하나 있다. 바로 복잡한 생각에서 벗어나 타인을 위해 무언가를 하는 것이다. 가끔 지역 봉사 활동에 적극적으로 참여하면 평범함의 비범함을 축복으로 여기는 것이 가능해진다. 봉사를 하거나 당신이 중요하게 생각하는 것을 위한 모금 활동에 참여해라. 뭐가 됐건 이런 활동을 통해 매일 당신이 얼마나 축복받은 사람인지 깨닫게 될 것이다.

행운은 어떤 방식으로든 나눠야 더 큰 힘을 발휘한다. 당신 인생의 축복을 혼자 누리는 것은 재미없다. 친구들이나 사랑하는 사람들을 마지막으로 초대한 적이 언제였는지 생각해 봐라. 다른 사람들에게 문을 열어 준다는 것은 당신의 마음을 여는 것과 다름없다. 사람들을 초대한다는 것은 당신이 준비한 것을 나누는 일이자 어떻게 보면 당신이 직접 요리한 음식이나 당신의 시간과 에너지로 그들에게 보답하는 일이다. 핵심은 당신이 가진 모든 것에 대해 감사하고 감사함을 다른 사람들과 나누는 것이다. 이것이 감사함을 실천으로 옮기는 것이다. 당신과 가까운 사람들과 함께 시간을 보내면서 우리에게 그들의 존재가 얼마나 축복인지 깨닫는 것은 참 보람된 일이다. 에너지와 감사함을 외로운 사람들에게 친절함으로 구현할 수 있다면 이 또한 보람찬 일이다.

타인의 삶에 변화를 가져다주는 기쁨

어려운 처지에 있는 사람들에게 되돌려 주는 것은 늘 내 일부였다. 내 자선 행위는 단순한 기부금 전달이 아니다. 시간과 에너지 그리고 마음을 쏟는 일이다. 지역 사회가 긍정적으로 변화하는 데 기여하고 좋은 영향을 주고 싶은 마음이 크기 때문이다.

내가 여성과 아이들을 늘 우리 사회의 취약 계층으로 여기는 바 내 자선 행위는 그들에게 집중돼 있다. 나는 몇 년간 특정 기관에서 자금 모금 캠페인 의장을 맡고 있는데, 우리 기관은 그동안 상당한 자금을 모금해 가정 폭력에 시달리는 여성과 아이들을 위한 쉼터를 개설했다.

하루는 한 여성이 내 사무실을 찾아왔는데 나는 그날을 절대 잊지 못할 것이다. 그녀는 이 기관을 위한 내 노력에 감동을 받아 내게 고마움을 전하기 위해 온 것이었다. 어린 아들과 함께 내 사무실에 서 있던 그녀의 모습이 아직도 생생하다. 그녀는 눈물을 흘리며 자신과 아들의 삶을 바꿀 수 있게 해 줘서 고맙다고 했다. 그 말을 듣자마자 눈물이 났다. 아무 말도 할 수가 없었다. 아주 짧은 순간이었지만 영원히 기억될 순간이었다. 근본적으로 생면부지인 그들을 볼 때 느꼈던 내 감정, 그들로부터 감사하다는 말을 들었을 때의 감정은 어떤 말로도 표현할 수 없을 것이다. 무엇보다도 내가 이 가족의 삶에 변화를 가져다줬다는 사실이 가장 감사했다. 지금도 그때의 감정을 말로 다 할 수 없지만 그 순간은 영원히 내 기억 속에 남을 것이다.

당장 안부를 물어라

자선도 훌륭한 일이지만 감사한 마음으로 베푸는 일이 꼭 시간이나 돈을 어느 단체에 기부하는 일인 것은 아니다. 도움이 필요한 누군가에게 그저 귀 기울여 주는 것일 수도 있다.

도움받을 수 있는 사람들이 우리처럼 든든하게 곁에 있는 사람들은 특별히 요청하지 않아도 우리의 안부를 체크하고 도움을 주는 이들의 존재를 당연하게 여기고는 한다. 우리는 지혜로운 친구에게 조언을 받고, 갑자기 집에 물이 샐 때는 손재주 많은 이웃이 나타나 문제를 해결해 준다. 부모님은 여전히 우리를 걱정하며 안부를 확인한다. 가끔 숨이 막히고 화가 날 때도 있지만 말이다. 그들이 그렇게 하는 것은 모두 우리를 사랑하기 때문이다. 그들에게 그래야 할 의무가 있기 때문이 아니다. 우리가 갖고 있는 이 지지대들은 우리 삶에 이미 너무 단단히 자리 잡고 있다. 그래서 '만약 하루아침에 이 모든 것이 사라지면 어떨까' 하는 상상조차 하지 않는다.

그러니 지인이 어려운 시기를 겪고 있다면 전화를 해라. 이유가 없어도 된다. 아무 이유 없이 엄마에게 꽃을 보내라. 당신의 형제자매와 점심 데이트를 약속해라. 당신 뒤에 줄 서 있는 사람의 커피를 대신 지불해라. 나이 든 이웃이 집 앞의 눈을 치우는 일을 도와라. 주말의 1시간을 자원봉사에 할애해라. 이것도 아니라면 길 가다 만나는 사람에게 웃으며 안부를 묻는 것은 어떤가. 그 덕에 그는 기분이 좋아질 테고 당신의 진심 어린 감사함이 여기저기 퍼질 것이다.

오늘 당장 시작해라. 왜냐하면 당신 인생의 축복들은 보장할 수 있는 것도 아니며 늘 당신이 원하거나 기대하는 방식으로 찾아오는 것도 아니기 때문이다. 내가 겪어 봐서 안다. 지금까지 내 인생은 정말이지 롤러코스터나 다름없었다. 처절한 절망감부터 경제적 어려움까지 인생의 고난과 역경을 모두 겪었다고 생각했을 때도 있었다. 내 축복들은 종종 도전의 모습으로 나타났기에 그것들을 알아보기 쉽지 않았다. 하지만 감사함을 실천하면 할수록 숨겨진 축복들을 앞으로 더 잘 알아볼 수 있다는 사실을 이제는 안다.

감사함이 하루의 최우선 순위다

최근 몇 년간 참으로 많은 일이 있었다. 그것들을 보면서 인생이란 정말 예측 불가능하다는 사실을 배웠다. 하지만 그럴 때마다 고난과 역경에서 배운 교훈에 감사하며 잘 이겨 냈다. 불확실한 이 시대에 지금처럼 내 일을 하고 내게 힘을 주는 사람들과 함께하는 것이야말로 내가 건강한 정신과 단단한 내면을 가질 수 있었던 원동력이다.

따지고 보면 인생이 그렇다. 모든 것이 한순간에 바뀔 수도 있고 그렇기에 하루하루 매 순간이 중요하다. 아직도 감사하는 태도와 마음이 주는 혜택에 대해서 잘 이해되지 않는다면 아래를 읽어 봐라.

감사함을 하루의 최우선 순위에 두고 낙관주의와 긍정주의를 바탕으로 일을 해라. 그러면 다른 사람들도 자연스레 참여하게 되고 당신 주변 사람들 간에 긍정 에너지의 연결 고리를 만들 수 있다. 끌어당김의 힘은 정말로 존재한다. 감사하며 살면 더 많은 축복이 올 것이다. 오프라 윈프리가 말했다.

"당신이 가진 것에 대해 감사해야 한다. 왜냐하면 앞으로 더 많은 것을 가질 것이기 때문이다."

기억해라. 감사함과 비참함을 동시에 느낄 수는 없다. 기분이 안 좋을 때 인생의 좋은 면을 보는 것 또한 불가능하다. 그러니 긍정적인 면에 집중하면 부정적인 생각에 빠지거나 자신을 한심하다고 생각하며 나락에 빠지지 않을 것이다. 둘 중 단 하나만이 당신에게 도움이 될 것이다. 잘 생각해서 결정해라!

감사함의 실천은 단지 일상 습관으로 통달할 수 있는 것이 아니다. 매일매일, 하루에 걸쳐 감사함을 행동으로 실천하면서 한 발자국씩 더 멀리 전진해야 한다. 가령 가족에 대한 감사함을 시작으로 가족과 함께하는 단계로 발전한 후 나중에는 가족과 함께 보내는 시간을 소중히 여기는 단계까지 가는 것이다. 당신의 건강에 감사한 마음 느끼는 것을 시작으로 건강한 영양 습관을 기르고 적절한 운동을 하는 단계까지 발전할 수도 있다. 지역 사회에 대한 감사한 마음을 봉사 활동으로 구현하는 방법도 있다.

감사함을 매일의 자기반성 시간에 포함해 일상 습관으로 실현할 수도 있다. 당신이 감사함을 느끼는 크고 작은 것들에 대해 마음 챙김을 수련하면서 하루를 되돌아보고 내일 누군가가 인정받거나 가치 있다고 느끼게 할 수 있는 일을 최소한 가지 생각해라. 여기서 잊지 말아야 할 것이 있다. 감사함을 가장 잘 표현할 수 있는 제스처는 종종 우리가 타인을 위해 할애하는 시간과 에너지로 실현된다. 그러니 가능하다면 잠깐 시간을 내 어려운 시기를 겪는 주위의 지인들에게 감사하는 마음을 전하고 그들의 안부를 확인하는 것은 어떨까?

이것저것 따질 것도 많고 불평할 것도 많은 세상에서 매일매일 인생에 숨겨진 작은 기적을 알아보는 것이 그 어느 때보다 중요하다. 당신이 통제할 수 없는 것들 때문에 고민하는 일은 이제 그만할 것이라고 지금 당장 결정해라.

기적이 일상이 되는 순간

오늘부터 감사함을 연습해라. 당신이 당연하게 여겼던 것들과 사람들을 식별해라. 그리고 그것이 오늘 밤 누군가가 침대 머리맡에서 하는 기도일 것이라는 사실을 잊지 마라.

14

잠시 멈추고
숨을 내쉬어라

·

나를 돌보기

가장 중요한 관계는 당신 자신과의 관계다.

다이앤 폰 퓌르스텐베르크(패션 디자이너)

하루에 최소 한 사람씩은 꼭 내 사무실에 와서 "나 너무 스트레스 받아요"라며 대화를 시작한다면 내 말을 믿겠는가? 솔직히 말하면 적게 말해서 이 정도다. 물론 이해한다. 비즈니스는 혼란 그 자체인 경우가 많다. 날마다 마주하는 개인적인 사정들에 일시 정지 버튼을 누를 수도 없다. 대개 우리네 인생은 매일매일 바쁘게 흘러가고 무슨 일이 벌어질지는 예상 밖에 있다. 그렇다고 해도 우리는 '스트레스'를 너무 남용하는 것이 아닐까.

예를 들어 밤을 새서 일한 후 카페인에 의지해 녹초가 된 채로 다음 날 일상을 살아 낸다. 불안해하지 않고 한 발짝 한 발짝 힘겹게 발걸음을 옮기면서 우리는 '스트레스를 받는다' 고 표현한다. 그런데 이 경우 잠시 멈춰 자신이 왜 그리 느끼는지, 가령 수면 부족 등의 근본적인 이유를 궁금해한다면 진짜 문제는 소진이라는 사실을 식별할 수 있을 것이다. 이유도 파악했고 왜 그런 현상이 나타났는지도 이해했으니 다음 날이 오기 전에 계획을 수정할 수 있다.

스트레스를 느끼는 것이 잘못됐다는 얘기가 아니다. 좋다, 당신이 스트레스를 느낀다고 하자. 그러면 이제 어떻게 할 것인가? 당신 일상에 이미 들어와 버렸으니 받아들이는 수밖에 없을까? 에이, 당신은 그보다는 더 가치 있지 않은가!

핵심은 이것이다. 자주 스트레스를 받아서 이제 이것이 당신의 일상이 됐다면 무언가 행동을 취해야 한다. 미국의 건강 정보 매체 '에브리데이 헬스'가 시행한 2019년 설문 조사에 따르면, 응답자의 3분의 1은 병원 방문의 목적이 스트레스와 연관이 있었다. 그중 57퍼센트는 스트레스 때문에 마비가 된 느낌을 받은 적이 있다고 대답했다. 스트레스는 심각성도 다양하고 관련 변수의 영역도 아주 광범위하고 복잡하다. 여기서는 간단하게 보편적이고 전통적인 '일상생활 스트레스'에 대해 얘기해 보도록 하자.

최고의 스트레스 관리법을
실천하지 못하는 이유

당신의 일상생활에서 스트레스를 유발하는 요인에는 어떤 것들이 있는가?

우리는 모두 다른 일상을 살지만 공통점이 하나 있는데 바로 매일 스트레스에 직면한다는 사실이다. 그리고 스트레스는 당신을 마비 상태에 이르게 할 수도 있고 연료처럼 당신에게 힘을 줄 수도 있다. 하지만 스트레스를 생산적인 무언가로 바꾸는 일은 말처럼 쉽지 않다. 밤에 당신을 잠 못 들게 하는 모든 것을 생산적인 무언가로 바꿀 수 있다고 말하려는 것이 아니다. 반드시 그런 것은 아니기 때문이다. 하지만 한 가지 확실한 것은 어떤 메시지를 전하려는 우리 내면의 목소리가 유발하는 스트레스를 포함해서 스트레스는 관리될 수 있다는 사실이다. 우리가 지금까지 얘기했듯이 효과적인 스트레스 관리로 향하는 열쇠는 매일 실천한다는 점에 있다. 그리고 최고의 스트레스 관리법은 신체적·정신적인 자기 돌봄이다.

간단해 보이지 않는가?

그런데 왜 우리는 자기 돌봄을 일상에 포함하는 일을 그리도 어려워할까? 매일 우리는 타인을 위해 아주 많은 것을 한다. 가족을 보살피고 친구의 부탁을 들어주고 동료들을 돕기 위해 노력한다. 그 후 되돌아보면 우리는 맨 마지막 순서로 남겨지고 정작 자신에게 쓸 에너지조차 남지 않는다. 이런 삶은 오래 지속될 수 없다. 빈 컵에는 따라 낼 것이 없다. 나를 먼저 채워야 한다.

진정으로 자기 돌봄이 우선순위에 있는가?

우리 자신을 챙기는 것은 그렇게 쉬운 일이 아니다. 다들 공감하겠지만 자신을 위해 시간을 내기에는 우리가 너무 바쁘다. 이 같은 이유로 자신을 돌보는 일을 미룬다. 한편 인생을 흔들어 놓는 큰 변화와 혼란을 직면한 사람들도 있다. 최근에 사랑하는 사람을 떠나보내거나 이별로 인해 한 부모가 된 사람을 생각해 보자. 나도 그런 적이 있기에 누구보다도 그 마음을 잘 이해할 수 있다. 한순간에 삶이 흔들리고 완전히 새로운 상황을 맞닥뜨려야 한다. 아이들을 가장 중요시해야 한다는 압박감을 느끼고 '나만의 시간'이라는 개념은 꿈도 꾸지 못하게 된다. 결혼이나 재정적 어려움, 정서적 위기같이 다양한 형태로 삶의 변화를 겪는다. 알다시피 어느 누구도 피할 수 없다. 누구도 자신을 일부러 맨 마지막 순위에 두려고 하지 않는다. 그저 타인을 우선시하는 것이 자연의 섭리인 것이다.

자기 돌봄을 건너뛰는 이유는 대부분 시간과 에너지가 없다는 것으로 결론 나는데 이런 이유들을 뒤로하고 생각해 봐라. 당신은 자기 돌봄을 꼭 필요한 것으로 생각하지 않을지 모른다. 자신을 위해 시간을 할애하는 것을 사치나 보기 드문 특별한 대우라고 볼 수도 있다. '이런 시간을 규칙적으로 갖는 사람이 있기나 해?'라고 질문할 것이다.

확실히 당신은 그런 사람이 아니다. 당신의 하루는 너무 바쁘다. 볼일도 봐야 하고 사람들도 챙겨야 하며 빨래도 개야 한다. 늘 방해하는 무언가가 있다. 오늘의 할 일에서 아직 체크가 안 된 마지막 항목들, 확인해야 하는 이메일… 이런 것들을 다 끝내고 나면 피로감이 몰려온다. 그리고 자신이 할 수 있는 최고의 자기 돌봄으로 수면을 택한다. 덧붙이자면 잠자는 것은 자기 돌봄이 아니다. 수면은 삶에 필요한 가장 기본적인 요소다.

당신도 그렇고 나도 그렇고 우리 모두 안다. 자신을 돌보지 않을 때 우리는 기분이 좋지 않다는 사실을 말이다. 기분이 거지 같다. 반박 불가다. 모든 것이 힘들고 고되다. 하루가 끝날 무렵에는 정말 녹초가 된다. 오늘 이 문제를 해결하지 않으면 내일은 기분이 더 안 좋다. 그리고 이것은 그다음 날까지도 이어진다. 녹다운이 될 때까지 일하는 것에 너무 길들여진 나머지 우리 안에 있던 자원을 완전히 소진했다는 사실조차 알지 못한다.

자기 돌봄은 사치도 나약함의 증거도 아니다

돈 많고 유명한 사람들은 우리 '일반인'이 느끼는 일상의 스트레스와 괴로움으로부터 안전할 것이라고 생각하면 오산이다. 전 세계에서 성공과 명성을 모두 갖춘 것처럼 보이는 사람들도 자신을 돌보는 데 실패한다.

2007년 〈허핑턴포스트〉의 창립자 아리아나 허핑턴은 쓰러지고 나서 깨달았다. 하루에 잠을 몇 시간밖에 못 자고 일을 한 것이 원인이었다는 것을. 그 후 그녀는 자기 돌봄에 집중하고 긍정적으로 변화하기로 다짐했다. 자신이 '마이크로 스텝'이라고 명명한 일상의 작은 습관들을 행동으로 옮겼으며 주변 사람들에게도 이를 권유했다. 심호흡 연습, 수면 중에는 다른 방에서 휴대폰을 충전하기, 감사하는 시간 갖기, 하루의 시작과 끝을 위한 건강한 습관 만들기가 대표적이다.

뮤지션이자 배우인 퀸 라티파도 자기 돌봄의 지지자 중 하나다. 그녀는 번아웃과 싸우기 위해 집을 떠나 익숙한 환경에서 자신을 사라지게 하는 작업을 한 적이 있다고 말한 바 있다. 그녀에 따르면 번아웃은 그냥 단순한 단어가 아니다. "당신 몸 구석구석 모든 부분에서 피로감을 느낄 수 있다"라고 말한 그녀가 예방 차원으로 마련한 습관에는 다음의 것들이 있다. 자신의 상태 체크하기, 몸이 보내는 이상 신호 주의 깊게 살피기, 도움받을 수 있는 친구와 가족, 동료들 확보하기.

2019년, 전 미국 영부인 미셸 오바마는 우리가 자신을 돌보는 일을 왜 이렇게 힘들어하는지에 대해 얘기한 바 있다.

"우리는 다른 사람들에게 베풀고 그들을 위해 애쓰는 데 너무 바쁜 나머지 우리 자신을 위해 시간을 쓰는 것에 대해 죄책감을 느낀다."

그녀는 미래 세대가 자기 돌봄에 대해 건강한 인식을 구축할 수 있도록 우리가 조치를 취해야 한다는 사실을 기억해야 한다고 말했다. 또한 자기 돌봄에 대한 솔직한 대화의 중요성을 강조했다.

번아웃으로부터 안전한 사람은 아무도 없다. 당신이 누구든 직업이 무엇이든 우리는 모두 정신과 육체에 엄청난 피해를 주는 일상의 압박감과 싸우고 있다. 스트레스에 대해 털어놓는 것은 부끄러운 일이 아니다. 이상적으로는 적신호 경고를 알아채기 전에, 난관에 부딪치기 훨씬 전에 먼저 우리는 자신을 맨 처음으로 두는 일에 죄책감을 느껴서는 안 된다.

우리 자신을 제외한 다른 사람들을 돌보는 사이클을 인지하고 한계를 설정할 필요가 있다. 그렇지 않으면 그때그때 들어오는 단기적인 요청에 응하느라 우리는 계속 스스로를 한계선까지 밀어붙일 것이다. 제대로 기능하기 힘든 지점까지 자신을 소진시키면서 말이다. 이는 건강한 생활을 위한 지속 가능한 접근법이 아니며 더 본질적이고 장기적인 요청을 위해 필요한 우리의 에너지 비축량을 뺏기는 결과를 낳는다.

번아웃이라고 느끼지 않아도 당신 자신을 돌보는 것은 전반적인 건강을 개선하고 자기 인식을 향상시켜 자신감과 생산성을 높이는 결과를 낼 수 있다. 많은 회사가 직원들의 육체적·정신적 건강 향상의 필요성에 대해 남다른 주의를 기울이는 이유도 여기에 있다. 커피 대기업 스타벅스를 예로 들어보겠다. 2020년 스타벅스는 직원들의 정신 건강을 우선시하고자 미국 매장의 전 직원을 비롯해 법적 가족 구성원들이 연간 20회의 정신 건강 세션을 무료로 받을 수 있는 연간 혜택을 구축했다.

무엇이 당신 자신을 돌보지 못하게 가로막는가? 걸림돌은 단 하나, 바로 당신이다! 자기 돌봄에 대한 죄책감을 부끄럽게 생각하지 마라. 많은 사람이 자신에게 무엇이 필요한지 인지하고 자기 돌봄을 우선으로 두는 것을 일종의 나약함 또는 취약점을 드러내는 일이라고 느낀다. 그런데 말이다. 당신이 자신을 돌보지 않으면 당신이 사랑하는 사람들에게 줄 것은 아무것도 남지 않을 것이다. 그러니 이를 위한 변화를 감행해라. 당신 스스로를 위해서가 아니라면 당신이 사랑하는 사람들에게 가장 최고의 당신을 선사하기 위해서라도 말이다.

사람마다 필요한 것이 다 다르고 경제적인 면에서, 시간적인 면에서 할애할 수 있는 자원도 모두 다르다. 그런데 자기 돌봄이 가진 강점은 시간과 돈이 많이 들지 않는다는 것이다. 무엇이든 자기 돌봄의 도구가 될 수 있다. 더 좋은 점은 창의성을 발휘할 수도 있다는 점이다. 내가 정말 추천하고 싶은 것은 매일 일상에서 자기 돌봄을 실천하는 것이다.

우리에게 필요한 것은 휴식을 취하는 방법이다

딱 5분이라는 시간적 여유가 난다면 무엇을 하겠는가? 이 시간은 당신을 위한 시간이다. 바닥에 누워 짧게 스트레칭을 하며 몸의 움직임에 집중해라. 10분의 시간이 있다면? 평소 관심 있었던 팟캐스트의 에피소드를 가볍게 들으며 머리를 식혀라. 20분의 시간이 있다면? 커피나 차를 한 잔 내려 마신다. 향긋한 커피 향기와 함께 호흡하며 여유롭게 휴식을 취한다. 일단 자기 돌봄을 실천하는 데 집중하기 시작하면 그 시간을 보낼 방법들이 생각날 것이다. 당신 자신을 위한 것이라면 무엇이든 그때그때 하고 싶은 것들을 시작하면 된다.

마사지나 명상을 포함한 다양한 자기 돌봄 루틴에 더해 온라인상에서 이런 것을 실천하는 사람도 많다. 2011년에 'www.donothingfor2minutes.com'이라는 신기한 사이트가 갑자기 등장했다. 이 사이트에 접속하면 해가 지는 하늘과 평화로운 바다의 배경이 나오고 잔잔한 파도 소리가 함께 들렸다. 화면 좌측 상단에는 '캄(Calm)'이라는 단어가 작게 보였다. 화면 중앙에서는 "2분 동안 아무것도 하지 마세요"라는 문구와 함께 카운트다운이 시작됐다. 화면 아래에는 이렇게 적혀 있었다.

"긴장을 풀고 파도 소리를 들으세요. 마우스나 키보드를 만지지 마세요"

만약 2분이 지나기 전에 키보드나 마우스를 만지면 타이머가 빨간색으로 바뀌며 카운트다운이 재설정돼 다시 처음부터 시작됐다. 주어진 과제는 간단해 보였다. 2분 동안 아무것도 하지 마세요. 그런데 사람들이 이를 얼마나 힘들어했는지 아는가! 마우스는 물론 키보드도 만지지 말고 꼼짝 말라고 한다면 사람들에게 2분은 긴 시간이다. 2분을 견디는 데 성공한 사람들은 이메일 주소를 등록할 수 있게 돼 더 많은 정보를 얻을 수 있었다.

이 사이트는 오픈한 지 2주도 안 돼 가입자 수가 10만 명을 넘었는데, 이들은 정확히 이 사이트가 어떤 사이트인지도 모른 채 가입한 사람들이다. 그리고 몇 개월 후 'Calm.com'이라는 새로운 사이트가 공개됐다. 그렇다. 그 '캄(Calm)'이다.

처음에 이 사이트는 실리콘 밸리 개발자들의 스트레스 관리 도구로 등장했다. 출시된 지 얼마 지나지 않아 사이트 사용자는 더 늘어나기 시작하더니 2019년에는 사이트의 수익이 1억 5,000만 달러까지 올랐다. 공동 설립자인 알렉스와 마이클 액턴 스미스가 결국 정확히 간파한 것이 있었으니, 바로 사람들에게는 휴식을 취하는 방법이 필요하다는 점이었다.

그리고 2020년 초, 코로나19가 전 세계를 덮치자 일상에 대해 통제력을 완전히 잃게 된 우리에게 자기 돌봄의 필요성은 그 어느 때보다 높아졌다. 화장지를 사러 온 도시를 뒤져야 할 줄 상상이나 했을까? 어디에 갈 수 있고, 언제 갈 수 있는지에 대해 통제받거나 심지어 외출을 할 수 있는지에 대해서도 통제받을 줄 누가 상상이나 했을까?

코로나가 진행되면서 나는 내 안에서 공포가 커지는 것을 느꼈다. 아끼고 사랑하는 사람들이 겪을 두려움과 불확실성을 감지했다. 또한 이 두려움에 계속 빠져 있는 것은 해결책이 아니라는 사실도 알았다. 스스로를 보살펴야 했다. 앞에서 말했듯 우리는 어떤 종류의 계획도 다 세울 수 있다. 하지만 때로는 방향을 바꿔야 할 때도 있다. 팬데믹의 경우가 그랬다. 자기 돌봄을 포함해 내 습관의 많은 부분을 수정해야 했다. 어떤 면에서는 새로운 시각으로 사고해야 했다. 그렇게 하니 내가 통제할 수 있는 것들, 특히 내 반응과 마인드셋에 집중함으로써 나를 돌볼 수 있다는 사실을 깨달았다.

사람들이 "대체 이것을 어떻게 다 하나요?"라고 물으면 내 대답은 "계속해 나갑니다"였다. 물론 안전과 신중함을 늘 염두에 두면서 말이다. 그렇게 멈추지 않고 계속 전진한다. 코로나19의 방해에도 나는 앞으로 나아가며 내 일상을 계속 살았다. 나는 모범을 보여야 했다. 앞으로 전진하며 적응하기 위한 새로운 방법을 찾겠다는 내 다짐은 내 주변 사람들이 내 신뢰 덕분에 더 강해지게 했고 그들이 내 뒤를 잇도록 했다.

삶의 불확실성에
흔들리지 않는 방법

감당할 수 없는 버거움에 휩싸일 때면 부모님이 이탈리아에서 겪었던 제2차 세계 대전의 이야기를 떠올리고는 한다. 1944년 두 분이 살고 있던 카시노에서 부모님은 전쟁의 참상을 목격했다. 영원히 끝나지 않을 것처럼 귀청을 찢던 사이렌, 폭탄으로 폐허가 된 거리, 완전히 파괴된 집들. 엄마는 한때 형제들과 떨어져 지냈고 그 일부와 다시 재회해 산 중턱에 있는 한 동굴에서 함께 살았다고 했다. 당시 엄마는 대피하다가 등에 부상을 입어 치료 중이었는데 가족과 함께 그 척박한 환경의 동굴에서 3개월이라는 시간을 버텨야 했다. 식량과 물자를 구걸해서 가족들이 있는 동굴로 가져가고는 했다. 희망을 버리지 않고 서로 의지하면서 말이다. 그렇게 상상조차 할 수 없는 힘든 상황을 견뎌야 했던 우리 부모님과 친척들을 생각했다. 우리는 모두 어떤 어려움을 이겨 내고 생존한 사람들의 후손이라는 사실을 깨달으면 힘이 났다. 우리 또한 이겨 낼 수 있다.

사고를 긍정적인 방향으로 전환하라

부모님은 과연 전 세계적으로 대혼란을 일으키고 있는 팬데믹과 함께 온 이 새로운 불확실성의 시대를 어떻게 보는지 여쭤봤을 때, 이 또한 이겨 내야 하는 또 다른 전쟁이라고 답했다. 다른 점이 있다면 우리가 적을 볼 수 없다는 것이다. 부모님의 강인함과 지속적인 회복력은 내게 늘 영감을 준다. 매일 일상이 주는 감사함과 긍정의 힘을 얻고 거기에서 힘을 발견할 것을 상기시켜 준다.

나는 내 긍정적인 태도를 지속적인 도구이자 늘 나와 함께하는 습관으로 생각하게 됐다. 이렇게 오기까지 당연히 쉽지만은 않았다. 하지만 나는 결국 해냈고 지금까지도 이 습관을 유지하고 있다. 나 자신과 주변 사람들을 위해 '나쁜 것들'의 무게에 절대 무너지지 않기로 결심하면서 말이다. 우리는 모두 살면서 좋지 않은 순간들, 나쁜 날들, 힘든 주 등 온갖 일을 겪는다. 그리고 그것이 인생이다. 하지만 그런 힘든 시기와 좋지 않은 기분들은 예외적인 것이지 규칙이 아니라는 사실을 명심해야 한다. 간간이 찾아오는 불행은 자연스러운 것이며 부정적인 감정들은 당신이 잠시 스쳐가는 곳일 뿐 당신이 최종적으로 사는 곳이 아니다. 불행은 습관적인 태도가 될 수 있으니 이를 긍정적인 방향으로 돌리는 것이 중요하다.

나를 비웃을 줄도 알아야 한다

마지막으로 내 일상의 자기 돌봄 습관에는 생산성을 중요하게 여기는 태도, 능동적인 태도, 너무 심각하게 생각하지 않는 태도도 포함됐다. 자신을 비웃을 줄 아는 능력을 잃어서는 안 된다. 때로는 인생이 힘들 수도 있다. 그런데 이를 항상 심각하게만 받아들일 수는 없다. 우리는 인생에서 개그도 찾고 자신을 비웃기도 하면서 스트레스를 날려 버려야 한다.

팬데믹 이전에는 자기 돌봄이 선택 사항이었다면 지금은 그 이상이 됐다. 자기 돌봄은 이륙 전에 승무원이 기내에 있는 승객들에게 알려 주는 안전 사항과도 같다. 생존을 위한 필수 기술이다. 비상시 옆에 있는 사람을 돕기 전에 본인이 먼저 산소마스크를 써야 하는 것과 같은 맥락이다. 본인이 산소 부족으로 무의식 상태에 있으면 당신 자신은 물론이고 옆 사람을 돕는 것 또한 불가능하다. 자기 돌봄은 사소한 일도 아니며 이기적인 일도 아니다. 가장 건강하고 행복한 버전의 자신이 되기 위해 사용할 수 있는 가장 중요한 도구다.

기적이 일상이 되는 순간

언제라도 쉽게 실천할 수 있는 자기 돌봄 습관을 찾아라. 매일 짬을 내 혼란 속에서 고요함을 찾아라. 잠시 멈춰라. 숨을 내쉬어라.
내 말을 명심해라. 신체적·감정적·정신적인 행복을 우선하는 사람은 의외로 많다. 우리는 이 사람들과 그저 불행 열차에 올라타려는 사람들을 꽤 쉽게 구분할 수 있다.

15

깨어 있는 삶을 위해
눈을 감아라

·

내일을 준비하기

수면의 힘을 발견함으로써

당신 안에 있는 위대한 아이디어를 발견해라.

아리아나 허핑턴(기업인, 칼럼니스트)

 침대에 누워 이불 속으로 들어간 후 편안하게 자리 잡아라.
이제 잠에 대해 얘기할 시간이다.

 아주 예전에는 직장에서도 집에서도 피로함을 명예 훈장으
로 여겼다. 정말 얼마 전까지만 해도 수면을 우선시하는 것은
상상할 수 없었다. 왜냐하면 성과 부진 직원, 심지어는 게으
름뱅이로 보였기 때문이다.

'잠잘 시간이 어디 있어?'

그 당시에 잠이란 나약한 사람들이나 자는 것이었다. 추진력이 모자란 사람들의 얘기였다. 다크서클은 할 일을 끝냈다는 증거였다. 직장에서 수면 부족으로 힘들어하면 당신은 바쁘다는 뜻이었고 즉 성공한 사람이라는 뜻이었다. 때문에 피로함이 거의 자랑거리로 여겨지기도 했다.

다행히 수면에 대한 인식은 오늘날 완전히 바뀌었다. 수면은 필수가 됐다. 게다가 '깨어 있는 삶'의 성공을 좌지우지하는 중요한 요소가 됐다. 이렇게 생각해 봐라. 만약 '성공적인 날들'이 당신의 신체적·정서적·정신적 건강을 나타낸다면, 그리고 이 모든 것이 당신의 수면 패턴에 많은 부분 영향받는다면? 또 다른 이유를 찾을 것도 없이 수면의 중요성은 당연하다. 수면과 생산성의 연관성은 부인할 수도 없다. 수면을 중요시하면 하루에 우선권이 주어지는 것이나 다름없다.

몸이 하는 말을 들어라

실제로 수면은 일상의 판도를 바꿀 게임 체인저가 될 수도 있다. 당신의 몸이 보내는 신호를 알아차리고 거기에 응답하면 되는 것이다. 잘 들어라. 당신의 몸이 말을 한다!

배가 고프면 허기진 배가 꼬르륵 소리를 낸다. 긴장을 하면 가슴이 벌렁대고 속이 울렁댄다. 피곤하면 눈꺼풀이 무겁고 하품을 계속한다. 우리 몸은 신호를 보낸다. 너무 피곤해서 방전이 되면 당신의 몸은 때때로 당신이 원하지 않는 방식으로, 그리고 절대 놓칠 수 없는 방법으로 신호를 보낼 것이다.

수면 부족은 무엇보다도 당신의 뇌에 좋지 않다. 집중력이나 문제 해결력이 떨어지고 업무를 할 때 사고력이 저하될 우려가 있다. 건망증을 유발하고 생산성에도 치명적인 영향을 준다. 수면 부족은 당신의 기분과 에너지 레벨에도 영향을 줄 수 있다. 그럴 경우 일반적으로 극도의 예민함으로 나타난다. 당신의 운동 기능에 영향을 주는 인지 능력 또한 저하시킬 수 있다. 그럴 경우 반사 신경과 반응 속도가 느려져 사고나 부상에 취약해진다.

나는 늘 수면 부족 상태인 사람들을 알아본다. 이들은 흐리멍텅한 눈을 하고 있으며 반응 속도가 더디다. 행동을 보고도 알 수 있다. 숨길 수가 없다.

수면 부족은 단기적·장기적으로 심각한 건강 문제를 일으킨다. 조기 노화, 심장 질환, 고혈압, 뇌졸중, 당뇨병, 우울증, 면역 체계 약화…. 앞에서 언급한 생명을 위협하는 질병으로는 분류되지 않았지만 수면이 부족하면 성욕도 줄어든다. 간단히 말해 수면 부족은 악영향만 끼친다. 나쁜 수면 습관은 말 그대로 혜택이 단 한 개도 없다.

권장 시간에
얽매이지 마라

일찍 일어나는 습관에 대해 다시 얘기해 보자. 이 습관은 말이야 쉽지 실제로 하기는 어렵다. 대부분의 사람은 지난밤에 늦게 잠자리에 들었거나 잠을 제대로 못 자서 아침에 일어나기가 힘들다고 한다. 이 말은 우리의 저녁 시간이 아침 시간을 결정하고 저녁이 다음 날의 하루를 위한 에너지 레벨을 결정한다는 뜻이다. 안타깝게도 이는 건강하지 못한 사이클을 만들어 우리는 결국 녹초가 돼 꼬꾸라진다.

미국 국립 수면 연구 재단은 26세부터 64세까지의 성인에게 하루 7시간에서 9시간의 수면 시간을 권장한다. 곰곰이 생각해 봐라. 매일 밤, 하루 7시간에서 9시간이다. 하루가 24시간이니 하루의 약 3분의 1을 잠자는 데 써야 한다는 말이다. 이를 못 지키는 사람이 너무 많다. 가족 문제, 직장에서의 스트레스, 우리의 정신을 방해하는 생각들이 불쑥 생기기 때문이다.

그런데 양이 정말 중요할까? 매일 느끼는 기분을 바탕으로 한 수면 사이클이 더 낫지 않을까? 6시간을 자더라도 숙면을 취하고 충분한 휴식을 취한 후 개운하게 일어난다면 국립 수면 연구 재단이 권고한 양을 채우지 않아도 괜찮은 것 아닐까? 한 걸음 더 나아가 수면은 질보다는 양이라고 하는 데 얼마나 동의하는가? 잠을 많이 잤는데도 아침마다 몸이 찌뿌둥하고 알람을 끄고 다시 자려고 손을 뻗는다면 정말 수면의 양이 중요한 것이 맞느냐는 말이다. 질이 더 중요한 것 아닐까?

내 경험에 빗대 보자면 질이 해답이다. 밤에 권장 시간동안 충분히 자든 낮잠으로 휴식 시간을 갖는 리듬을 유지하든 핵심은 당신의 몸과 마음이 긍정적으로 반응하는지에 있다. 그렇다면 당신은 잘하고 있는 것이다. 시간을 어떻게 쓰는지는, 특히 당신의 수면 시간을 어떻게 쓰는지는 온전히 당신 책임이다.

그러니 통계나 전문가의 조언을 너무 신경 쓰지 마라. 자신에게 너무 엄격하지 마라. 당신은 그저 최선을 다하면 된다. 지금 이 책이 손에 들려 있다는 것은 당신이 적극적으로 개선하려고 노력한다는 확실한 증거다. 지금 당장 당신이 할 수 있는 가장 중요한 것은 자신의 수면 패턴에 대해 알고, 필요하다면 긍정적인 변화를 시도한 후 자신에게 맞는 패턴을 찾는 것이다.

이런 방식으로 관점을 바꾸면 수면의 양에 집중하는 대신 매일 아침 다른 것을 할 수 있게끔 '더 많은 시간'을 확보하는 것에 초점을 맞출 수 있을 것이다. 이는 선순환으로 이어져 한 번 빠지면 헤어 나올 수 없을지도 모른다. 추가된 시간에 높은 가치를 부여하는 이런 새로운 마인드셋은 당신의 수면 습관과 아침 루틴뿐 아니라 하루 전체를 통달하는 길로 안내할 것이다.

연봉은 협상해도
수면은 협상하지 않는다

이를 위해서 당신은 충분한 수면을 취해 당신의 뇌가 휴식하고 충전될 수 있도록 해야 한다. 휴식 시간을 갖지 않는 것은 뇌가 필요로 하는 것을 거부하는 것이다. 그리고 24시간 동안 잠을 자지 않을 경우 당신은 미국에서 공식적으로 운전이 금지되는 혈중 알코올 농도 0.10퍼센트를 넘을 때와 마찬가지인 상태가 된다. 48시간 동안 잠을 자지 않으면 심각한 수면 박탈의 상태로 들어가게 된다. 이 경우 스트레스와 피로감이 증가할 뿐 아니라 환각이 발생할 수도 있다. 당신의 신체와 정신이 계속 깨어 있기 위해 노력하니 당연히 반응 속도와 반사 신경은 영향을 많이 받게 된다. 수면 박탈의 증상은 점점 더 심각해져 위험한 상황까지 갈 수도 있다.

단기적으로 볼 때 수면 부족은 신체적·정신적으로 더뎌지게 만들고 건망증과 짜증을 유발하며 특히 현저한 생산성 감소를 유발한다. 장기적으로 보면 다양한 방식으로 당신을 병들게 할 것이다. 이는 분명한 사실이다. 그러니 이제 수면에 대해 조금 더 알게 된 지금 제대로 한번 자 보자!

아리아나 허핑턴은 베스트셀러 《수면 혁명》에서 자신이 과로로 쓰러졌던 경험을 이야기하며 지친 상태에서 일한 것이 결국 '최악의 버전'의 그녀를 초래했다고 적었다. "수면이 당신의 인생을 바꿀 수 있다"라고 강조하는 그녀는 수면을 실적을 향상시키는 도구로 여긴다. 실제로 기업가이자 두 아이의 엄마인 그녀는 자신이 커리어로 최고의 성공을 이룬 것은 자신을 돌보기 시작한 이후였다는 점을 확실히 증명했다. 자기 돌봄을 위해 새롭게 노력한 덕분에 가장 독창적이고 생산적이며 행복한 버전의 그녀가 탄생한 것이었다.

그녀가 매일 하는 자기 돌봄 중에는 잠자기 30분 전에 전자기기 사용하지 않기, 잘 때는 잠옷으로 갈아입기, 최대한 숙면할 수 있는 공간 만들기 등이 있다.

지금쯤 따분한 얼굴을 한 독자가 있을 것이다. 잠자기 전

전자 기기 금지? 잠만 잘 수 있는 명상실 같은 공간? 몇몇 사람에게는 실천하는 것조차 불가능하다는 사실을 알고 있다. 어떤 사람들에게 현실에서의 잠자는 공간은 아이들이 늘 들락날락하는 침실에 불과할 것이다. 분명히 누군가는 아주 타당한 이유를 들며 아리아나 허핑턴이 추천하는 잠 잘 자는 팁들이 절대 실현 불가능하다고 말할 것이다. 그런데 여기서 핵심은 그것이 아니다.

여기서 기억할 것은 자기 돌봄과 마찬가지로 수면은 협상할 수 있는 것이 아니라는 점이다. 수면은 필수 불가결한 것이다. 당신은 수면 없이 기능할 수 없다. 그러니 최선을 다해라. 일단 시도하는 데 의의를 둬라.

내 의견을 조금 보태자면 잠자리에 들기 전에는 와인을 피하는 것이 좋다. 잠들기 전의 알코올 섭취는 수면을 방해해서 불면증을 유발할 수 있으며 다음 날 피로감을 증가시킬 수 있다는 연구 결과가 있다. 실제로 잠들기 전에 술을 마시지 않는 사람들도 새벽 2시와 낮 2시에 피로감이 절정에 다다르는데 술을 마시면 상황이 더 악화될 수 있다. 한낮에 사람들이 기운이 없거나 체력이 고갈됐다고 느끼는 이유도 여기에 있다. 기운을 차리게 하는 건강한 음식을 섭취해서 에너지 레벨을 높이고 당신이 앞으로 나아갈 수 있게끔 하는 것이 그토록 중요한 이유다.

기억해라. 당신이 잠자는 시간과 깨어 있는 시간은 서로 연결돼 있어서 숙면을 일상의 우선순위로 두면 당신의 하루에 엄청난 영향력을 발휘할 것이다.

기적이 일상이 되는 순간

수면 개선을 위해 다양한 접근법을 시도해라. 평소보다 15분 일찍 잠자리에 드는 습관을 시도해 보면 어떨까. 잠자기 전 따뜻한 우유나 캐모마일 차를 마실 수도 있겠다. 아니면 노이즈 캔슬링 수면 귀마개를 사용해 '캄' 같은 앱으로 숙면에 도움이 되는 음악을 들을 수도 있다. 무엇이 됐든 당신이 할 수 있는 방법을 찾아서 시도해라.

더 나은 방향으로 가고 있다는 확신

에너지 뱀파이어가 운전하는 차에 탄 후로 무엇이 바뀌었을까? 그렇게 나쁜 사고를 겪고 어떻게 내가 다시 활력을 찾을 수 있었을까? 나는 내 삶을 자세히 들여다봤다. 너무 나쁘게 보려고도, 너무 미화하려고도 하지 않으며 있는 그대로의 현실을 직시하려고 했다. 내가 추구하는 진정한 가치에 부합하지 않았던 사람들과 머리를 식힐 무언가를 찾게끔 부추긴 좋은 사람들 그리고 나쁜 사람들.

나는 인생을 비참하게 마감하고 싶지 않았다. 단연코 순간의 잘못된 선택으로 인생을 마감하고 싶지도 않았다. 처음에는 시간이 걸렸지만 내가 이행해야 할 변화들을 마주하는 순간 삶의 모든 부분에서 마음이 가벼워지고 활기를 되찾았다. 방해 요소와 임시방편을 없애는 작업은 매일매일 어려운 숙제였다. 짧은 시간에 이루기 쉽지 않은 일이었다. 하지만 나 자신과 아이들의 더 나은 인생을 위해 큰 걸음을 내딛었다. 아무리 어렵다 한들 내가 내딛는 한 걸음 한 걸음이 나를 더 나은 방향으로 이끈다는 사실을 아는 것만큼 큰 힘이 되는 것은 없었다.

하나 더 얘기하자면 그때 이후로 우울한 순간이나 지치고 기분이 안 좋은 순간이 와도 나는 여전히 긍정적인 에너지를 갖고 있다. 내가 가는 방향, 내가 에너지를 쏟는 것들이 어떻게든 나의 목적과 궤를 같이한다는 사실을 알고 있기 때문이다. 그리고 이는 내 에너지가 계속 공급될 수 있도록 연료를 채워 준다.

하루하루를
소중히
여겨라

우리에게는 두 개의 삶이 있는데, 두 번째 삶은
단 하나의 삶만이 주어진다는 사실을 깨달을 때
비로소 시작된다.

공자

2019년에 나는 토론토에서 열리는 토니 로빈스의 강연회 '성공의 힘(Power of Success)'에서 강연자 겸 패널로 참여해 달라는 요청을 받았다. 무대에 올라 강연했던 시간 외에 나는 레이철 홀리스와 몰리 블룸처럼 기라성 같은 베스트셀러 작가들과 함께 패널로 앉아 있었다. 그날은 순리에 따르라는 교훈을 얻은 날이었다. 그리고 그 교훈은 내가 무대에 오르기 전부터 이미 시작됐다.

처음부터 멘붕이었다. 픽업을 오기로 한 기사가 예정보다 늦어진다고 했다. 기다릴 시간도 없었고 다른 사람에게 연락할 시간도 없었다. 일단 팀원들과 차에 올라탄 나는 직접 운전을 해서 행사장으로 출발했다.

행사는 아침 8시 30분에 시작하기로 예정돼 있었고 내 강연은 오전 11시에 시작하는 것으로 얘기돼 있었다. 교통 체증으로 차가 속도를 내지 못했지만 시간 내에 충분히 도착할 수 있을 것 같았다. 차가 밀리는 상황에서 시계를 보는 것은 아무 의미가 없었다. 꽉 막힌 도로에서 내가 할 수 있는 일도 아무것도 없었다. 그래서 그 시간을 유용하게 쓰기로 마음먹었다.

마음을 진정시키고 무대로 향하는 내 모습을 그렸다. 내 연설의 골자를 염두에 두고 메시지에 담았다. 점점 흥분되기 시작했다. 나는 준비됐고 늘 그랬던 것처럼 긍정적 에너지가 가득한 공간에 완전히 빠져들 순간을 고대했다.

행사장에 도착해 주차장으로 들어가면서 본 광경은 대단했다. 청중이 얼마나 많은지 감히 예상할 수 있었다. 주차장 입구에서 행사장까지 가는 데 45분이나 걸렸으니 말이다.

그때 누가 영상을 빨리 감기라도 한 것처럼 순식간에 행사

관계자가 우리 차로 달려왔다. 아직 주차도 제대로 안 한 상황이었다. 관계자가 말했다.

"스케줄이 변경됐어요. 맨 먼저 무대에 오르셔야 해요! 마이크 채워 드릴게요!"

이렇게 무대에 오른다고? 지금? 앞에서 이미 준비됐다고 내 입으로 말한 바 있지만 거울 한 번 볼 시간 없이 이렇게 시작한다고?

왜 상황이 이렇게 됐는지 이유를 묻는 것은 말이 안 됐다. 생각할 시간이 없었다. 그뿐이었다. 나를 보여 줄 시간이었고 쇼는 이미 시작됐다. 그야말로 진격 그 자체였다. 공연장 입구에서부터 무대 뒤, 그리고 마침내 무대까지. 화려한 조명과 행사장을 가득 메운 청중들까지. 딱 지금이었다. 차에 있었던 순간부터 지금의 무대 위까지 빛의 속도로 달려온 것처럼 느껴졌다. 나는 무대에 올라가 두 팔을 크게 벌렸다.

"굿 모닝, 토론토!"

성공적인 행사였다. 무대에서의 시간은 너무나도 좋았다. 다른 초청 연사와 패널이 들려준 이야기와 메시지로 힘을 받은 것도 있지만 무엇보다 청중으로부터 많은 힘을 얻었다. 그들의 열정과 진정한 관심은 감동 그 자체였다. 호기심, 성장을 향한 뿌리 깊은 열정, 긍정적인 변화! 나는 생각했다.

'그래. 이거지! 바로 이렇게 우리가 앞으로 나아갈 수 있지.'

그날의 시작은 약간 정신없었다. 그래도 유난 떨 일은 아니었다. 나는 준비돼 있었고 중심축을 조금만 변경하면 됐다. 그것이 인생이다. 그날 아침의 정신없음은 내가 발동이 걸리도록 일종의 마중물 역할을 했다. 계획에 없는 일이었지만 그날 무대의 첫 타자로 나선 것은 전화위복이 됐다. 서둘러 무대로 올라가야 하는 상황에 긴장을 풀고 환경에 적응할 시간 따위는 없었다. 내 본능을 믿고 그냥 뛰어들어야 했다. 진정한 모습의 내가 청중과 마주했다. 그 덕분에 나와 연결된 수많은 청중에게 울림을 줄 수 있었다.

자신의 목소리를 내는 사람들을 보면서 우리는 모두 공통분모를 갖고 있다는 사실을 깨달았다. 초청 연사들만이 아니다. 고개를 끄덕이고 감사함을 가득 담은 미소로 답하는 청중의 얼굴을 보면 그들 또한 이를 느꼈다는 사실을 알 수 있었다. 우리는 모두 시작점이 다르고 저마다 다른 상황을 겪지만 궤도를 이탈하고 예상치 못한 역경과 장애물을 경험했다는 공통분모를 갖고 있다. 어느 누구도 처음 시작할 때부터 꿈꾸는 지점까지 수직 상승을 이루지 않는다. 당신의 목표점까지 결코 한 방에 도달할 수는 없다.

인생의 여정에는 구불구불한 길을 만나는 것은 물론이고 후진하거나 출구를 놓치는 우여곡절이 많다. 그런 것이 인생이다. 그렇지 않다면 우리가 왜 이렇게 인생에 대해 얘기하겠는가? 진정한 모험은 도착이 아니라 여정의 과정에 있다. 그 과정에 교훈이 있고 당신은 자신을 알아 가고 어떤 사람이 될 것인지를 찾게 된다.

당신 앞에 길이 놓여 있다. 도로가 길지 짧을지는 아무도 모른다. 하지만 계획을 짤 만한 가치가 있는 길이고 오롯이 당신 혼자서 꿈꾸는 여정이다. 지금 이 순간에도 삶은 계속되고 있다. 그러니 컴포트 존을 뒤로하고 뛰어들어라.

오늘 당신이 하는 일은 중요하다. 내일 당신이 하는 일은 중요하다. 인생의 매일매일은 보증서가 아니라 축복이며 당신은 하루하루를 소중히 여겨야 한다. 장기적이고 큰 목표를 잡을 수 있어야 한다. 이때 분명한 것은 그곳에 도달하기 위해서는 명확하고 효과적인 일상 습관을 길러야 한다는 것이다. 다르게 표현하자면 당신이 오늘 무엇을 하느냐(또는 하지 않느냐)에 따라 내일이 희망찬 미래일 수도 있고 엄청난 부담일 수도 있다.

우리는 지금까지 시간을 아끼는 방법과 시간을 내는 방법, 에너지를 만들거나 회복하는 방법, 진정한 의도에 따라 사는 방법을 살펴봤다. 이제 주요 개념들을 검토해 보도록 하자.

습관 01: 아침에 새들의 지저귐과 함께 눈을 떠라. 그러면 세상과 당신만의 친근한 시간을 갖고 앞으로 펼쳐질 하루의 속도를 결정할 수 있다. 명심해라. 아침의 주인이 되면 하루의 주인이 될 것이다.

습관 02: 삶의 궤도를 유지할 수 있게 당신의 루트를 짜라. 동시에 예상치 못한 일에 대비해 다른 길로 가야할 때를 고려해라.

습관 03: 당신의 하루가 좀 더 순조롭게 흐를 수 있게 소소한 것일지라도 일상적인 리추얼을 포용해라.

습관 04: 오랜 루틴들을 조금씩 손보고 매일 새로운 루틴을 만들어 변화를 시도해라.

습관 05: 자신에게 솔직해짐으로써 얻을 수 있는 인생의 혜택을 발견해라.

습관 06: 당신의 계획을 세분화해라. 그리고 만족스럽고 동기 부여되는 명확하고 실천 가능한 방법을 찾아라.

습관 07: 싫다고 말하는 것이 당신의 슈퍼파워가 될 수 있다는 사실을 인정해라.

습관 08: 현재에 충실히 임하는 법을 연습해라. 이를 통해 인생의 경험으로부터 더 많이 얻고 주변 세계에 더 참여해라.

습관 09: 비언어적인 신호를 적절하게 사용하고, 적당한 발화 속도를 유지하고, 경청하고, 신중하게 단어를 선택하며, 분위기를 파악하면서 효과적인 커뮤니케이션 전략을 수용해라.

습관 10: 당신 안에 있는 최고의 에너지원을 활용해라.

습관 11: 소셜 미디어를 통해 얻고자 하는 것에 적절한 시간을 할애해 소셜 미디어 사용을 관리해라.

습관 12: 현재 상황을 점검해라. 어떤 숨겨진 교훈이 나타나 당신에게 최고의 삶을 선사할지 아무도 모른다.

습관 13: 감사함을 당신이 수용하고 개발해 스스로를 성장시킬 수 있는 하나의 태도로 여겨라.

습관 14: 자기 돌봄은 협상할 수 없는 생존을 위한 기술이라는 사실을 기억해라.

습관 15: 숙면을 우선 순위에 둬라. 당신의 하루에 엄청난 영향력을 발휘할 것이다.

이 15가지 습관은 내 인생에 획기적인 변화를 가져다줬으며 다른 이들의 삶에도 지대한 영향을 미쳤다. 이제 당신 차례다. 충만한 일상이 당신을 기다리고 있다. 실행에 옮기는 일만 남았다. 그리고 그것은 당신만 할 수 있다.

기억해라. 인생은 한 번뿐이고 지금 당장, 이 순간만이 보장돼 있다. 당신은 이 순간을 어떻게 의미 있게 만들 것인가?

이 책에서 우리는 많은 부분을 다뤘다. 습관, 행동, 시간의 힘뿐 아니라 거의 모든 것에 대해 포괄적으로 다뤘다. 처음에 얘기했듯이 당신에게 필요한 모든 것은 이미 당신 안에 있다. 그래도 이 책의 다양한 아이디어와 전략, 도구가 매일매일 최고의 인생을 살기 위해 다음 단계로 가는 여정에 도움을 줄 수 있기를 바란다.

이 책의 처음부터 끝까지 당신과 함께할 수 있음에 감사한 마음을 전한다. 책에서 다룬 내용을 실천해 당신의 24시간이 긍정적이고 목적이 있는 삶이 되기를 바란다. 지금 이 순간이 변화를 위한 기회다. 때를 기다리고 있었다면 지금이 바로 그때다. 지금이 최고의 인생을 시작할 수 있는 때다. 마이크는 켜졌고 쇼는 시작됐다. 살아 내고 만끽해라!

무한한 가능성을 깨우는 시간
하루의 기적

인쇄일 2023년 8월 11일
발행일 2023년 8월 18일

지은이 비비안 리시
옮긴이 권진희
펴낸이 유경민 노종한
책임편집 함초원
기획편집 유노북스 이현정 함초원 조혜진 **유노라이프** 박지혜 구혜진 **유노책주** 김세민 이지윤
기획마케팅 1팀 우현권 이상운 **2팀** 정세림 유현재 정혜윤 김승혜
디자인 남다희 홍진기
기획관리 차은영
펴낸곳 유노콘텐츠그룹 주식회사
법인등록번호 110111-8138128
주소 서울시 마포구 월드컵로20길 5, 4층
전화 02-323-7763 **팩스** 02-323-7764 **이메일** info@uknowbooks.com

ISBN 979-11-92300-77-1 (03190)